Manfred Reuter
Versammlungsgesetz NRW

SCHRIFTENREIHE

Versammlungsgesetz NRW

Kompakt erläutert für die polizeiliche Arbeit

von Manfred Reuter

www.vdpolizei.de

1. Auflage 2022

Satz: VDP GMBH Buchvertrieb, Hilden
Druck und Bindung: Plump Druck & Medien GmbH, Rheinbreitbach
Printed in Germany
ISBN 978-3-8011-0918-9

Für Lilli Marlene

* 12.07.2020

Vorwort

Am 07.01.2022 ist das vom Gesetzgeber neu erlassene „Versammlungsgesetz des Landes Nordrhein-Westfalen“ (VersG NRW) in Kraft getreten. Es löst das bisher für NRW geltende „Gesetz über Versammlungen und Aufzüge“ (VersG) des Bundes ab.

Damit folgt das Land dem bereits von anderen Bundesländern beschrittenen Weg, vom Bundesrecht abweichende Landesversammlungsgesetze zu erlassen. Dies scheint auch insofern notwendig, als das 1953 in Kraft getretene Bundesgesetz trotz deutlich geänderter Rahmenbedingungen im Wesentlichen bis heute unverändert geblieben ist. Es ist nicht mehr zeitgemäß und bedarf dringend der Modernisierung, was die Neuregelung bewirken soll.

Für die Polizei in NRW hat dies zur Folge, dass sie sich in Ausbildung und Praxis an dieser Neuregelung zu orientieren hat. Insbesondere auch deshalb, weil das Versammlungsgeschehen einen wesentlichen Anteil an der alltäglichen Polizeiarbeit ausmacht.

Das VersG NRW schließt in vielen Bereichen an das alte Versammlungsgesetz des Bundes sowie an bereits vorgenommene Änderungen in anderen Bundesländern an. Insofern kann man auf die diesbezüglich bereits etablierten und umfassenden „Standard-Kommentierungen“ zurückgreifen. Allerdings sind naturgemäß Kommentierungen, die sich ausschließlich mit dem nordrhein-westfälischen Gesetz befassen noch rar. Die vorliegende Arbeit soll dazu einen Beitrag leisten.

Wie bei vielen anderen Gesetzen fehlt es zudem an einer Kommentierung, die sich für die polizeiliche Arbeit als alltagstauglich erweist. Dies erfordert möglichst kurze, inhaltlich prägnante und übersichtlich dargestellte Ausführungen, auf die man im Bedarfsfalle in Ausbildung und Praxis zurückgreifen kann. Auch diese Lücke soll mit der hier vorgelegten Kompaktkommentierung geschlossen werden.

Ich hoffe, dass meine dazu vorgelegten Ausführungen den genannten Ansprüchen gerecht werden. Ob dies tatsächlich der Fall ist, kann nur der Nutzer*innenkreis bewerten. Insofern wäre ich über Rückmeldungen jeder Art sowie über konkrete Hinweise auf mögliche Verbesserungen aus dem Leser*innenkreis dankbar.

Lichtenberg, im Juni 2022 — *Manfred Reuter*

Inhaltsverzeichnis

Abkürzungsverzeichnis

a. a. O.	am angegebenen Ort
a. D.	außer Dienst
ABl.	Amtsblatt der EU
Abs.	Absatz
AfD	Alternative für Deutschland
AK VR	Arbeitskreis Versammlungsrecht
Art.	Artikel
BannMG	Bannmeilengesetz Nordrhein-Westfalen
BGB	Bürgerliches Gesetzbuch
BGBl.	Bundesgesetzblatt
BGH	Bundesgerichtshof
BpB	Bundeszentrale für politische Bildung
Bsp.	Beispiel
Buchst.	Buchstabe
BVerfG	Bundesverfassungsgericht
CDU	Christlich Demokratische Union Deutschlands
d. Verf.	der Verfasser
Ders.	Derselbe
DS	Drucksache
e. V.	eingetragener Verein
EG	Europäische Gemeinschaft
EGStGB	Einführungsgesetz zum Strafgesetzbuch
EMRK	Europäische Menschenrechtskonvention
EU	Europäische Union
evtl.	eventuell
EWR	Europäischer Wirtschaftsraum
f.	folgende
FDP	Freie Demokratische Partei
ff.	fortfolgende
fH	unter freiem Himmel

Fn	Fußnote
GG	Grundgesetz
ggf.	gegebenenfalls
gR	in geschlossenen Räumen
GV. NRW.	Gesetz- und Verordnungsblatt Nordrhein-Westfalen
GVBl.	Gesetz- und Verordnungsblatt
i. d. F. v.	in der Fassung vom
i. d. R.	in der Regel
i. S. v.	im Sinne von
i. V. m.	in Verbindung mit
Jhrg.	Jahrgang
LV NRW	Landesverfassung Nordrhein-Westfalen
MW VersG	Musterentwurf Versammlungsgesetz
nö	nicht öffentlich
Nr.	Nummer
NRW	Nordrhein-Westfalen
öff.	öffentlich
o. O.	ohne Ortsangabe
OBG	Ordnungsbehördengesetz
OWiG	Ordnungswidrigkeitengesetz
PlPr	Plenarprotokoll
PolG	Polizeigesetz
Prof.	Professor
RdNr.	Randnummer
S.	Satz
sog.	sogenannte/r
SPD	Sozialdemokratische Partei Deutschlands
StGB	Strafgesetzbuch
u. a.	und andere
usw.	und so weiter
V	Versammlung
Va	Veranstaltung

VA	Verwaltungsakt
VersG NRW	Versammlungsgesetz Nordrhein-Westfalen
VersG	Versammlungsgesetz Bund
VersGEinfG	VersammlungsgesetzEinführungsgesetz
vgl.	vergleiche
VVN-BdA	Vereinigung der Verfolgten des Naziregimes – Bund der Antifaschistinnen und Antifaschisten
WaffG	Waffengesetz
z. B.	zum Beispiel
Zif.	Ziffer
ZustVO	Zuständigkeitsverordnung

1 Einleitung

1.1 Historie des Versammlungsgesetzes NRW

Am 03.11.2020 bringt die oppositionelle SPD-Fraktion ihren 46-seitigen Gesetzentwurf eines „Versammlungsfreiheitsgesetzes für das Land Nordrhein-Westfalen" (DS 17/11673) in den Landtag ein.[1]

Darin stellt die Fraktion fest, dass die durch Art. 8 GG (vgl. GG) geschützte Versammlungsfreiheit von grundlegender Bedeutung für unsere Demokratie ist. In NRW gelte derzeit noch das aus dem Jahr 1953 stammende Versammlungsgesetz des Bundes (vgl. VersG), wenn auch in seiner aktualisierten Fassung aus dem Jahre 2000. Trotz der im Laufe der Zeit daran vorgenommenen kleineren Änderungen sei dieses Gesetz vor dem Hintergrund zahlreicher Entscheidungen des Bundesverfassungsgerichts sowie der tatsächlichen Herausforderungen des heutigen Versammlungsgeschehens nicht mehr geeignet, die Grundrechtsausübung friedlicher Demonstranten[2] zu gewährleisten. Durch den Übergang der Gesetzgebungskompetenz für das Versammlungsrecht vom Bund auf die Länder habe das Land NRW nunmehr die Möglichkeit, mit der beabsichtigten Neuregelung folgende Ziele zu erreichen: Gewährleistung des Schutzes der Versammlungsfreiheit, Versammlungen als Ausdruck der Freiheitsausübung,[3] Rechtsklarheit für Bürger und Behörden, Regelungsanspruch für alle Versammlungsformen und Versammlungsrechtsfragen sowie Modernisierung des Versammlungsrechts.

In der ersten Lesung des Gesetzes am 11.11.2020 wird der Gesetzentwurf einstimmig an den federführenden Innenausschuss sowie mitberatend an den Hauptausschuss überwiesen. Er wird in beiden Ausschüssen am 19.11.2020 öffentlich beraten. Man kommt dabei überein, ihn gemeinsam mit dem für

---

Mein besonderer Dank gilt Frau Anja Sommerhäuser, die das Manuskript des Kommentars redigiert hat.

1 Der gesamte Gesetzgebungsablauf kann nach Aufruf der Webseite des Landtages (Landtag NRW) nachvollzogen werden. Dazu sind nacheinander die folgenden Ordner zu öffnen: Dokumente, Dokumentensuche, Parlamentsdokumente, Parlamentsdatenbank, Erweiterte Suche, unter „Nummer" als Suchbegriff die jeweilige Dokumentennummer – hier „11673" – eingeben und auf „Suchen" klicken. Der Gesetzgebungsvorgang kann jetzt über „Beratungsverlauf" geöffnet werden. Auf die gleiche Weise kann jeder andere Gesetzgebungsablauf durch Eingabe von Dokumentennummern nachvollzogen werden. Es werden alle relevanten Dokumente angezeigt, die jeweils nach Anklicken einzusehen sind.

2 Ich bitte, die gewählte männliche Form hier und im Folgenden immer geschlechtsneutral zu verstehen.

3 Daher auch die Bezeichnung als „Versammlungsfreiheitsgesetz".

das erste Quartal 2021 angekündigten Gesetzentwurf der Landesregierung zum Versammlungsgesetz weiter zu beraten.

Bereits am 25.11.2020 geht der diesbezügliche 79-seitige Referentenentwurf der Regierungsfraktionen aus CDU und FDP dem Landtagspräsidenten zu.

Am 21.01.2021 bringen sie ihren 91-seitigen Gesetzentwurf zur Einführung eines nordrhein-westfälischen Versammlungsgesetzes und zur Änderung weiterer Vorschriften (VersammlungsgesetzEinführungsgesetz NRW – VersGEinfG NRW) in den Landtag.

In der ersten Lesung des Gesetzes am 27.01.2021 im Landtag wird der Entwurf einstimmig an den federführenden Innenausschuss sowie mitberatend an den Hauptausschuss und den Rechtsausschuss überwiesen.

Zwischen dem 24.02. und dem 11.03.2021 erfolgen die ersten öffentlichen Beratungen in den drei Ausschüssen. Rechts- und Hauptausschuss beschließen dabei ihre pflichtige bzw. nachrichtliche Beteiligung an der vom Innenausschuss geplanten Anhörung.

Diese gemeinsame öffentliche Anhörung für die Gesetzesvorlage der Regierung zusammen mit dem Entwurf eines Versammlungsfreiheitsgesetzes der SPD-Fraktion erfolgt am 06.05.2021. Mündlich in der Anhörung bzw. schriftlich im Gesetzgebungsverfahren werden folgende „Sachverständige" angehört: der Bezirk NRW des Deutschen Gewerkschaftsbundes, Prof. Kyrill-Alexander Schwarz von der Uni Würzburg, Prof. Christoph Gusy von der Uni Bielefeld, Leitender Polizeidirektor a. D. Thomas Dammers, Parents for Future Germany, der Landesbezirk NRW der GdP, Prof. Norbert Ulrich von der Hochschule für Polizei und öffentliche Verwaltung NRW, Prof. Christian von Coelln von der Uni Köln, der Landesverband NRW der Neuen Richtervereinigung, Prof. Frank Braun von der Hochschule für Polizei und öffentliche Verwaltung NRW, Prof. Markus Thiel von der Deutschen Hochschule der Polizei, der Landesbezirk NRW der Gewerkschaft ver.di, Prof. Clemens Arzt von der Hochschule für Wirtschaft und Recht Berlin, Prof. a. D. Hartmut Brenneisen, Prof. Michael Elicker von der Uni Saarland, die Landesvereinigung NRW der Vereinigung der Verfolgten des Naziregimes – Bund der Antifaschistinnen und Antifaschisten (VVN-BdA), der Landesjugendring Nordrhein-Westfalen, Wilhelm Achelpöhler von der Rechtsanwaltskanzlei Meisterernst u. a., die Landesarbeitsgemeinschaft der Fanprojekte NRW, die Bochumer Montagsdemo sowie das Integrationshaus e. V. aus Köln.

Am 24.06.2021 empfiehlt der Hauptausschuss in öffentlicher Beratung mit den Stimmen der Fraktionen von CDU, FDP und AfD gegen die Stimmen der

SPD-Fraktion bei Enthaltung der Fraktion BÜNDNIS 90/DIE GRÜNEN, den Gesetzentwurf der SPD-Fraktion abzulehnen. Er empfiehlt mit den Stimmen der Fraktionen von CDU und FDP gegen die Stimmen der Fraktionen von SPD und BÜNDNIS 90/DIE GRÜNEN bei Enthaltung der AfD-Fraktion, den Gesetzentwurf der Landesregierung anzunehmen.

Am 06.12.2021 bringen die Regierungsfraktionen, als Reaktion auf die o. a. Anhörung der Sachverständigen, einen Änderungsantrag in das Gesetzgebungsverfahren ein (DS 17/15821, Nr. I, S. 5–7). Nach ihrer Meinung haben die Sachverständigen den Gesetzentwurf überwiegend positiv bewertet. Dies läge sicherlich auch daran, dass der Gesetzentwurf auf dem Musterentwurf des aus anerkannten Fachleuten des Versammlungsrechtes bestehenden Arbeitskreises für Versammlungsrecht (AK VR) aus dem Jahre 2011 basiere. Die Anhörung habe aber auch gezeigt, dass insbesondere die geplanten Bestimmungen zum Störungsverbot im § 7 und zum Gewalt- und Einschüchterungsverbot im § 18 kontrovers bewertet würden. Diesbezüglich wäre es auch zu gesellschaftspolitischen Erörterungen gekommen.[4] Daher werde nunmehr im § 7 klargestellt, dass kommunikative Gegenproteste nicht dem Störungsverbot unterlägen. Zudem solle der Auffangtatbestand „in vergleichbarer Weise“ im § 18, der von den Kritikern als Einfallstor für versammlungsrechtliche Beschränkungen bewertet wurde, gestrichen werden. Weiterhin wird auf die öffentliche Ordnung als Schutzgut verzichtet. Daneben werden die Regelungen für die Errichtung von Kontrollstellen im § 15 und im § 26 enger gefasst. Der § 16 wird um den Umgang mit gefertigten Aufnahmen und Aufzeichnungen von Bild und Ton erweitert. Der neu eingeführte § 34 führt eine turnusmäßige Berichtspflicht der Landesregierung an den Landtag ein, die eine regelmäßige Evaluierung der gesetzlichen Vorgaben ermöglicht.

Am 08.12.2021 ergänzen die Regierungsfraktionen ihren Änderungsantrag noch um eine notwendige Folgeänderung im § 18 VersG NRW.

Am 08.12.2021 beraten Innen- und Rechtsausschuss in einer gemeinsamen Sitzung abschließend über die Gesetzesvorlage und die beiden Änderungsanträge. Sie empfehlen mit den Stimmen der Fraktionen von CDU und FDP bei Enthaltung der Fraktion der AfD gegen die Stimmen der Fraktionen von SPD und BÜNDNIS 90/DIE GRÜNEN, den Gesetzentwurf in der Fassung der Beschlüsse des Ausschusses anzunehmen. Zeitgleich wird die Gesetzesvor-

4 Damit dürften insbesondere die Aktionen des Bündnisses „Versammlungsgesetz NRW stoppen! Grundrechte erhalten“ gemeint sein. Vgl. dazu https://www.nrw-versammlungsgesetz-stoppen.de/, Zugriff: 08.12.2021. Das Bündnis hat u. a. am 30.10.2021 in Düsseldorf eine landesweite Großkundgebung organisiert. Daneben ist es zu einer intensiven und kontroversen Berichterstattung in den Medien gekommen.

lage eines Versammlungsfreiheitsgesetzes, mit zwei Änderungsanträgen der SPD-Fraktion, dem Parlament als abzulehnen empfohlen.

Am 15.12.2021 bringt die Fraktion der AfD noch einen Änderungsantrag zum Gesetz der Regierungskoalitionen in das Verfahren ein.

Die zweite und zugleich abschließende Lesung im Parlament erfolgt am 15.12.2021 (vgl. PlPr). Das von der SPD eingebrachte Versammlungsfreiheitsgesetz und der Änderungsantrag der AfD werden abgelehnt. Der Gesetzentwurf der Regierungskoalitionen wird in der geänderten Fassung der Beschlussempfehlung des Innenausschusses mit den Stimmen der Fraktionen von CDU und FDP gegen die Stimmen der Fraktionen von SPD und GRÜNEN bei Enthaltung der Fraktion der AfD angenommen.

Das Gesetz wird am 17.12.2021 ausgefertigt. Die Veröffentlichung im Gesetz- und Verordnungsblatt NRW erfolgt am 06.01.2022. Damit tritt das Gesetz ab 07.01.2022 in Kraft.[5]

1.2 Allgemeines zum Versammlungsgesetz NRW

a) Problem und Ziel der Reform

Mit der Föderalismusreform im Jahr 2006 hatte der Bund seine Gesetzgebungskompetenz für das Versammlungsrecht zugunsten der Länder aufgegeben (vgl. zum Nachfolgenden DS 17/12423, S. 1, Buchst. A und S. 41–44, Nr. I). Soweit diese jedoch keine eigenen Versammlungsgesetze erlassen haben, gilt das Bundesgesetz fort.[6]

Bei Bildung der neuen Landesregierung aus CDU und FDP im Jahr 2017 einigen sich die Parteien in ihrem Koalitionsvertrag darauf, durch die von ihnen gestellte Landesregierung ein modernes Versammlungsgesetz zu schaffen.

Dazu kann man auf verschiedene Entwürfe eines Versammlungsgesetzes, so auf den Entwurf der Bund-Länder-Arbeitsgemeinschaft der Referenten für Versammlungsrecht in den zuständigen Ministerien, Vorschläge einzelner Autoren aus der Wissenschaft, einen Gesetzentwurf der Gewerkschaft der Polizei und auf den Musterentwurf des Arbeitskreises Versammlungsrecht (AK VR), in dem namhafte Fachleute vertreten sind, zurückgreifen. Dabei dient

5 Vgl. GV. NRW., § 35.

6 Eigene Landesversammlungsgesetze gibt es derzeit in Bayern, Niedersachsen, Sachsen, Sachsen-Anhalt und Schleswig-Holstein sowie mit Ergänzungen des Bundesversammlungsgesetzes durch das Versammlungsaufzeichnungsgesetz in Berlin (Breitbach/Deiseroth: Landesrecht, S. 1159–1662).

insbesondere Letzterer als Grundlage des Gesetzentwurfs (DS 17/12423, S. 43–44, Nr. I).

Mit dem dann von der Landesregierung vorgelegten Entwurf soll erstmals für NRW, unter Berücksichtigung der grundlegenden Bedeutung der geschützten Versammlungsfreiheit für eine Demokratie, ein eigenes Versammlungsgesetz beschlossen werden. Dabei sind die grundgesetzlichen sowie die im sog. Brokdorf-Urteil vom 14.05.1985 durch das Bundesverfassungsgericht gemachten weitreichenden Vorgaben verfassungsrechtlicher Art, welche die Auslegung und Anwendung der Versammlungsfreiheit anbelangen, zu berücksichtigen. Kein anderes Grundrecht ist vom Bundesverfassungsgericht bislang in dieser Breite und Tiefe ausgelegt worden. In deren Folge ist der gesetzgeberische Gestaltungsspielraum in verschiedener Hinsicht deutlich eingeschränkt.

Nichtsdestotrotz soll der bestehende Gestaltungsspielraum unter Berücksichtigung der in den letzten Jahren in gesellschaftlicher wie technischer Hinsicht fortschreitenden Entwicklungen genutzt werden, um einen einfachgesetzlichen Ausgleich von Versammlungsfreiheit und öffentlicher Sicherheit zu erreichen. Daneben ist beabsichtigt, das derzeitige Bannmeilengesetz (vgl. dazu das BannMG) aufzuheben und dessen Regelungen wortgleich in das neue Versammlungsgesetz aufzunehmen. Ebenso soll die derzeitige Verordnung über Zuständigkeiten nach dem Versammlungsgesetz (vgl. dazu die ZustVO VersG) aufgehoben werden (DS 17/12423, S. 19, Artikel 2).

Weiterhin sind einige Änderungen im Polizeigesetz geplant. Sie führen der aktuellen Rechtsprechung des Bundesverfassungsgerichts folgend richterliche Kontrollen bei eingriffsintensiven und verdeckt durchgeführten Maßnahmen, wie z. B. der längerfristigen Observation oder dem Einsatz von Vertrauenspersonen, ein.[7]

b) Lösung

Der vorgelegte Gesetzentwurf verfolgt in Bezug auf das Versammlungsgesetz einen umfassenden Regelungsanspruch (vgl. zum Nachfolgenden DS 17/12423, S. 1–2, Buchst. B und 44–45, Nr. 1):

- der Versammlungsbegriff wird gesetzlich normiert,
- die grundsätzliche Geltung des Gesetzes auch für nichtöffentliche Versammlungen wird festgelegt,

7 Auf die Änderungen im Polizeigesetz soll hier nicht näher eingegangen werden. Dies wird im Rahmen eines gesonderten Aufsatzes erfolgen.

- die Struktur des Versammlungsgesetzes des Bundes wird im Wesentlichen beibehalten,
- das bisherige „Uniformverbot“ wird zu einem „Gewalt- und Einschüchterungsverbot“ weiterentwickelt,
- das vom BVerfG aufgestellte „Kooperationsgebot“ zwischen Veranstalter und Versammlungsbehörde wird klar und präzise geregelt,
- das Verbot der Störung von Versammlungen wird präzisiert,
- unter Beibehaltung der bewährten Generalklausel werden beschränkende Eingriffe der Versammlungs- und Polizeibehörden näher ausgestaltet,
- eine neue Vorschrift zum besonderen Schutz bestimmter Orte und Tage wird geschaffen,
- bereits bestehende Ermächtigungen für Ton- und Bildaufnahmen werden an die rasante Entwicklung im Bereich der Aufnahmetechnik angepasst,
- eine Regelung zu Versammlungen auf sog. „semi-öffentlichen“ Flächen wird getroffen,
- der derzeitige Regelungsgehalt des Bannmeilengesetzes wird in das Versammlungsgesetz aufgenommen.

c) Alternativen, Kosten und Zuständigkeit

Die Neuregelung auf Landesebene ist nach Ansicht der Regierung ohne Alternative, da dem Bund infolge der Übertragung der Gesetzgebungskompetenz auf die Länder die erforderlichen grundlegenden Änderungen des Versammlungsrechts nicht mehr möglich sind (vgl. zum Nachfolgenden DS 17/12423, S. 2, Buchst. C–E). Gewichtige Kosten für den Landeshaushalt infolge der Neuregelungen wären nicht zu erwarten. Die Zuständigkeit für die Novellierung liegt beim Innenministerium unter Beteiligung des Justizministeriums.

d) Sonstiges

Für den Vollzug des Versammlungsgesetzes bleibt weiterhin die Polizei zuständig, sodass Auswirkungen auf Selbstverwaltung und Haushalte der Gemeinden und Gemeindeverbände nicht zu erwarten sind (vgl. zum Nachfolgenden DS 17/12423, S. 3, Buchst. F–H).

In Bezug auf Unternehmen und private Haushalte ist von einer ggf. entstehenden Eigentumsbelastung auszugehen, da öffentliche Versammlungen, auch ohne Zustimmung der Eigentümer, auf öffentlich genutzten Privatflächen möglich werden sollen.

Auswirkungen des beabsichtigten Gesetzes auf die Gleichstellung von Frauen und Männern erwartet die Landesregierung nicht.

1.3 Aufbau und Gliederung der Kommentierung

Die Kompaktkommentierung im nachfolgenden zweiten Kapitel sind wie folgt aufgebaut:

Erstens soll im ersten Unterkapitel die Darstellung der grundlegenden Unterschiede zwischen den Regelungen des bisherigen VersG und dem neu erlassenen VersG NRW einen ersten Überblick ermöglichen.

Zweitens wird das Versammlungsgesetz NRW nach seinen „Teilen“ 1 bis 6 gegliedert in den Unterkapiteln 2.2 bis 2.7 aufgearbeitet. Einleitend erfolgt dabei zu den jeweiligen Teilen ein inhaltlicher Überblick anhand eines Schaubildes. Dies soll der besseren Orientierung dienen, die inhaltliche Reichweite der einzelnen Paragrafen verdeutlichen sowie ihre maßgebenden Begriffe hervorheben.

Drittens werden dann innerhalb der sechs Teile die jeweiligen Paragrafen in gesetzlicher Reihenfolge behandelt.

Viertens wird dazu jeder einzelne Paragraf des Versammlungsgesetzes NRW (VersG NRW), also die „Rechtsnorm“, im Wortlaut wiedergegeben. Sofern darin Bezüge zu anderen Rechtsnormen enthalten sind, werden auch diese zwischen Trennstrichen (--- ---) angeführt. Sie sind an der Umrandung des Textes zu erkennen. Zusätzlich erfolgt ein Hinweis auf die entsprechende Regelung im Bundesversammlungsgesetz (VersG) als Klammervermerk in der Überschrift.

Fünftens wird der Kern des jeweiligen Gesetzestextes in kurzer und prägnanter Form erläutert. Soweit erforderlich werden für „unbestimmte“ Gesetzesmerkmale Definitionen angeboten.[8] Diese basieren in erster Linie auf dem Willen des Gesetzgebers, der sich aus den Landtagsdrucksachen zum Gesetz ergibt. Weiterhin wird der vom „Arbeitskreis Versammlungsrecht“ erarbeitete sog. „Musterentwurf“ eines Versammlungsgesetzes einbezogen, soweit sich der Gesetzgeber darauf bezieht. Daneben greife ich auf „etablierte Standardkommentare“ zu den Versammlungsgesetzen des Bundes und soweit vorhanden der Länder zurück. Auch soll ggf. die diesbezügliche Rechtsprechung des Bundesverfassungsgerichtes herangezogen werden. Identische

8 Eine „Rechtsnorm“ setzt sich aus einem „Tatbestand“, mit ggf. mehreren „Tatbestandsmerkmalen“, und ggf. einer „Rechtsfolge“ zusammen (Alexy u. a., S. 211, Rechtsnorm mit Querverweisen).

Merkmale, die in verschiedenen Paragrafen vorkommen, werden nur einmal definiert. Sie können bei Bedarf über das „Stichwortverzeichnis“ lokalisiert und nachgelesen werden.

Der hier vorgelegte „Kurzkommentar“ erhebt weder den Anspruch, die vorhandenen Standardkommentare zu ersetzen, noch will er dies leisten. Da aber in der polizeilichen Praxis oftmals nur wenig Zeit für eine rechtssichere Entscheidung zur Verfügung steht, soll er eine Lücke schließen, indem er einer schnellen, aber dennoch fundierten Orientierung dient. Bei komplexeren Lagen, die zumeist mit einem zeitlich längeren Vorlauf einhergehen, ist daneben immer ein Rückgriff auf die umfangreichen Standardkommentare zu empfehlen.

Insgesamt folgt diese Gliederung derjenigen, die ich bereits in zwei praxisorientierten Kommentierungen zur Wohnungsverweisung/Rückkehrverbot bei sog. Häuslicher Gewalt gem. § 34a Polizeigesetz NRW und zum Aufenthaltsverbot gem. § 34 II PolG NRW angewandt habe (Reuter 2017, 2018a, 2018b). Die Rückmeldungen aus Ausbildung und Praxis waren bzgl. der praxisbezogenen Darstellung und Brauchbarkeit durchweg positiv, sodass ich diesbezüglich für den Bereich des Versammlungsgesetzes NRW anknüpfen möchte.

2 Versammlungsgesetz NRW

2.1 Überblick zur Neuregelung und ihr schematischer Vergleich mit dem derzeitigen Versammlungsgesetz

Einleitend erfolgt ein Überblick zur Gliederung und zu den Zusammenhängen im VersG NRW.

Schaubild 1: VersG NRW

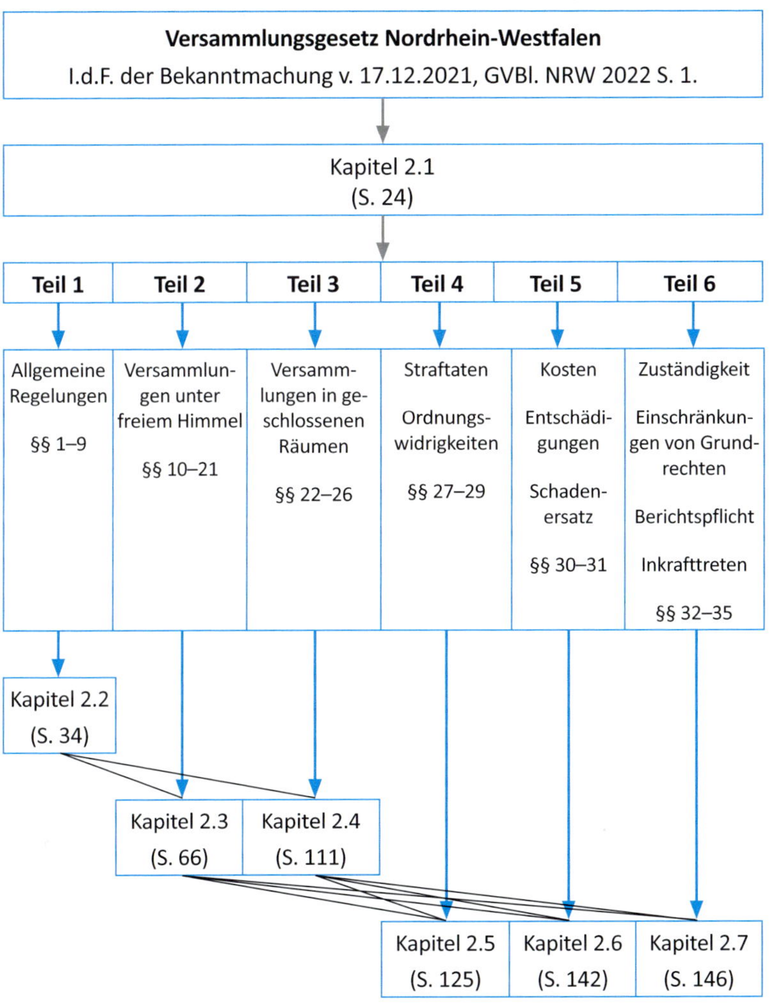

a) Das Gesetz besteht aus sechs Teilen, die jeweils einen bestimmten Regelungsbereich abschließend umfassen und denen eine unterschiedliche Anzahl von Paragrafen zugeordnet sind. So gehören beispielsweise zum Teil 1 „Allgemeine Regelungen" die Paragrafen 1 bis 9.

Jeder dieser sechs Teile wird in einem eigenen Kapitel abgearbeitet und mit einem Schaubild versehen, das wiederum einen Überblick zu den Teilen bieten soll. So findet man beispielsweise die Ausführungen zum ersten Teil „Allgemeine Regelungen“ in Kapitel 2.2 dieser Kommentierung, und sie beginnen auf Seite 34. Diese Beziehung soll durch die breiten blauen Pfeile im Schaubild verdeutlicht werden.

Die schmalen schwarzen Pfeile kennzeichnen die Über- bzw. Unterordnung der sechs Teile zueinander. Der erste Teil gilt für das gesamte Versammlungsgesetz. Ihm sind die getrennten Teile 2 für Versammlungen unter freiem Himmel und 3 für solche in geschlossenen Räumen nachgeordnet. Für diese beiden wiederum gelten jeweils die Teile 4, 5 und 6 des Gesetzes.

b) Das folgende Schaubild 2 stellt die Paragrafen mit ihren Überschriften aus VersG NRW und dem derzeit geltenden VersG gegenüber.

Schaubild 2: Gegenüberstellung der Paragrafen mit ihren Überschriften von VersG NRW und VersG[9]

VersG NRW	Überschrift		VersG
Teil 1			
§ 1	Versammlungsfreiheit	Grundsatz Anmeldepflicht religiöse Ferien usw., Volksfeste	§ 1 § 14 § 17
§ 2	Regelungsbereich, Begriffsbestimmungen		Fn[10]
§ 3	Zusammenarbeit		Fn[11]
§ 4	Veranstaltung einer Versammlung	Veranstalter, Störungs- und Waffentrageverbot	§ 2 I

9 Die amtlichen Überschriften des VersG NRW stammen aus dem Gesetz selbst, während diejenigen des VersG nichtamtliche, aber in der Literatur mit leichten Abweichungen gebräuchliche Überschriften sind (vgl. als Bsp. Breitbach/Deiseroth, S. 9–10, Inhaltsverzeichnis). Kommen anstelle des VersG bestimmte Paragrafen des PolG NRW zur Anwendung, werden diese angeführt. Sofern keine entsprechende Regelung im VersG besteht, wird dies durch eine Fußnote mit näheren Erläuterungen versehen.

10 Es gibt keine entsprechende Bestimmung im VersG. Allerdings wird sich in der Praxis bereits an der Rechtsprechung des BVerfG orientiert. Die Neuregelung trägt dem Rechnung.

11 Vgl. Fn 10.

VersG NRW	Überschrift		VersG
§ 5	Versammlungsleitung	Versammlungsleitung	§ 7
		Versammlungen unter freiem Himmel	§ 18 I
§ 6	Pflichten und Befugnis der Versammlungsleitung	Aufgaben des Leiters	§ 8
		Ordner	§ 9
		Aufrechterhaltung der Ordnung	§ 10
		Ausschluss von Störern	§ 11
		Versammlungen unter freiem Himmel	§ 18 II
		Aufzüge	§ 19
§ 7	Störungsverbot	Veranstaltungs-, Störungs- und Waffenverbot	§ 2 II
		Störung	§ 21
		Gewalt gegen oder Bedrohung von Versammlungsleitern oder Ordnern	§ 22
§ 8	Waffen- und Gewalttätigkeitsverbot	Veranstalter, Störungs- und Waffenverbot	§ 2 III
		Öffentliche Aufforderung zur Teilnahme an verbotenen Versammlungen oder Aufzügen	§ 23
§ 9	Anwendbarkeit des Polizeirechts		Fn[12]
Teil 2 § 10	 Anzeige	 Anmeldepflicht	 § 14

12 Die allgemeine Sperrwirkung durch das VersG gilt nicht bei Maßnahmen gegen nichtöffentliche Versammlungen, im Vorfeld einer Versammlung, gegenüber Versammlungsteilnehmern als sog. Minusmaßnahme, wegen nicht versammlungsspezifischen Gefahren oder gegen Nichtteilnehmer (vgl. dazu ausführlich Knape/Schönrock, S. 293–308, Nr. 4–5). Insofern wird ggf. auf die Bestimmungen im PolG NRW zurückgegriffen.

VersG NRW	Überschrift		VersG
§ 11	Erlaubnisfreiheit		Fn[13]
§ 12	Behördliche Ablehnungsrechte	Versammlungen unter freiem Himmel Aufzüge	§ 18 II § 19 I
§ 13	Beschränkungen, Verbot, Auflösung	Voraussetzungen für Verbot oder Auflagen; Auflösung	§ 15 I III IV
§ 14	Gefährderansprache, Untersagung der Teilnahme oder Anwesenheit und Ausschluss von Personen	Allgemeine Befugnisse, Begriffsbestimmungen	§ 8 I § 10 II S. 2 PolG NRW
§ 15	Kontrollstellen	Identitätsfeststellung	§ 12 I Nr. 4 § 12 II PolG NRW
§ 16	Aufnahmen und Aufzeichnung von Bild und Ton	Bild- und Tonaufnahmen durch die Polizei	§ 12a § 19a
§ 17	Vermummungs- und Schutzausrüstungsverbot	Schutzwaffen- und Vermummungsverbot	§ 17a
§ 18	Gewalt- und Einschüchterungsverbot	Uniformverbot	§ 3
§ 19	Symbolträchtige Orte und Tage	Voraussetzungen für Verbot oder Auflagen; Auflösung	§ 15 II

13 Vgl. Fn 10.

VersG NRW	Überschrift		VersG
§ 20	Schutz des Landtages	Bannkreise	§ 16
§ 21	Öffentliche Verkehrsfläche in Privateigentum		Fn[14]
Teil III § 22	Einladung	Ausschluss, Pressevertreter	§ 6
§ 23	Beschränkungen, Verbot, Auflösung	Versammlungsverbot Teilnahme der Polizei Auflösung durch die Polizei	§ 5 § 12 § 13
§ 24	Untersagung der Teilnahme oder Anwesenheit und Ausschluss von Personen		Fn[15]
§ 25	Kontrollstellen	Identitätsfeststellung	§ 12 I Nr. 4 § 12 II PolG NRW
§ 26	Aufnahme und Aufzeichnungen von Bild und Ton	Bild- und Tonaufnahmen durch die Polizei	§ 12a § 19a
Teil IV § 27	Straftaten	Uniformverbot Straftaten	§ 3 §§ 21–28

14 Die Neuregelung orientiert sich an der Rechtsprechung des BVerfG. Dieser wird in der Praxis nur in Teilen gefolgt. Die Neuregelung regelt dies nunmehr eindeutig.

15 Vgl. Fn 10.

VersG NRW	Überschrift		VersG
§ 28	Ordnungswidrigkeiten	Ordnungswidrigkeiten Ordnungswidrigkeit bei Verstoß gegen Bannkreis	§ 29 § 29a
§ 29	Einziehung	Einziehung von Gegenständen	§ 30
Teil 5 § 30	 Kosten		 Fn[16]
§ 31	Entschädigung und Schadenersatz		Fn[17]
Teil 6 § 32	 Zuständigkeit		 Fn[18]
§ 33	Einschränkung von Grundrechten	Einschränkung von Grundrechten	§ 20
§ 34	Berichtspflicht		Fn[19]
§ 35	Inkrafttreten	Inkrafttreten	§ 33

Anmerkungen: VersG NRW = Versammlungsgesetz Nordrhein-Westfalen, VersG = Versammlungsgesetz des Bundes, Fn = Fußnote

Es macht durch die angeführten Überschriften plakativ die Regelungsinhalte der jeweiligen Paragrafen im VersG NRW und im VersG deutlich. So kann man beispielsweise auf einen Blick erkennen, dass der § 20 VersG NRW den „Schutz des Landtages" regelt, was bislang im § 16 VersG „Bannkreise" der Fall ist. Oder man erkennt, dass im § 30 VersG NRW die „Kosten" geregelt sind, während das derzeitige VersG keine diesbezügliche Regelung enthält. Allerdings stellt die Fußnote klar, dass es auch aktuell solche Regelungen, wenn auch nicht im VersG, gibt.

---

16 In der polizeilichen Praxis werden bereits jetzt keine Kosten anlässlich von Versammlungen erhoben. Dies stellt der Gesetzgeber nochmals klar.

17 Der Gesetzgeber nimmt nunmehr den expliziten Hinweis auf die bereits bestehenden Regelungen gem. § 67 PolG i. V. m. §§ 39 bis 43 OBG NRW, 34 GG i. V. m. § 839 BGB auf.

18 Derzeit ist der Polizei durch die ZustVO VersG bereits die Zuständigkeit übertragen. Dies erfolgt nunmehr im Gesetz selbst.

19 Eine entsprechende Regelung gibt es im derzeitigen VerfG nicht.

Das Schaubild ermöglicht daneben eine Verbindung zum derzeitigen VersG, das in Ländern ohne eigenes Versammlungsgesetz weiterhin Gültigkeit besitzt. Dadurch kann man anhand der Ausführungen zum VersG NRW „Analogien" zu den inhaltlich gleichen Paragrafen des VersG im Bund ziehen, sodass man, wenn auch im eingeschränkten Maße, dafür ebenfalls über eine Art von Kompaktkommentierung verfügt.

c) Das VersG NRW gilt, wie das bisherige VersG auch, entgegen seiner Bezeichnung nicht nur für „Versammlungen". Es enthält in Teilen auch Vorschriften, die auf „Veranstaltungen" anzuwenden sind. Daneben wird zwischen solchen Versammlungen differenziert, die öffentlich oder nichtöffentlich sind. Zudem muss ggf. zwischen Versammlungen unter freiem Himmel und solchen in geschlossenen Räumen unterschieden werden. Die sich daraus ergebenden möglichen Kombinationen können dem folgenden Schaubild 3 entnommen werden.

Schaubild 3: Versammlungen, Veranstaltungen und Ansammlungen

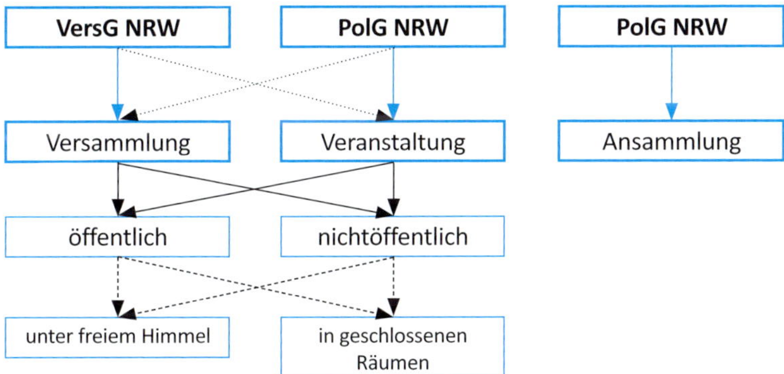

Das Schaubild unterscheidet grundsätzlich zwischen Versammlungen, Veranstaltungen und Ansammlungen (vgl. zu den Begriffen das Stichwortverzeichnis im Anhang, S. 153), wobei letztere für unser Thema keine Relevanz besitzen.

Die drei blauen Pfeile in Schaubild 3 machen deutlich, dass für Versammlungen aufgrund ihrer sog. Polizeifestigkeit grundsätzlich nur das VersG NRW Anwendung findet. Andererseits ist das PolG NRW bei Veranstaltungen und Ansammlungen einschlägig.

Die zwei gepunkteten Pfeile weisen aber auch darauf hin, dass es einige Abweichungen gibt, in denen das VersG auf Veranstaltungen und das PolG auf Versammlungen anzuwenden ist. Im Gesetzestext selbst wird dabei nicht immer eindeutig zwischen beiden getrennt. So wird in einem Fall die Bezeichnung „Veranstaltung" (im engeren Sinne, d. Verf.) im Unterschied zur Versammlung gewählt. Im anderen Fall werden sowohl die Veranstaltung als auch alle Versammlungen als Veranstaltung (im weiteren Sinne, d. Verf.) bezeichnet. So regelt beispielsweise der § 3 des VersG NRW die Zusammenarbeit zwischen Versammlungsbehörde und Veranstalter. Im dritten Absatz heißt es dazu:

„Die Veranstalterin oder der Veranstalter einer öffentlichen Versammlung ist aufgerufen, mit den zuständigen Behörden zu kooperieren, insbesondere Auskunft über Art, Umfang und vorgesehenen Ablauf der Veranstaltung zu geben." (VersG NRW, § 3 III S. 1).

Hier ist mit Veranstaltung also nur eine Versammlung gemeint und nicht auch jede Veranstaltung, wie z. B. ein Volksfest oder eine Vereinssitzung. Es dürfte allerdings auch nicht ganz einfach sein, einen anderen Begriff zu finden, der semantisch zutreffend ist und sich zugleich eindeutig unterscheidet.

Die durchgezogenen schwarzen Pfeile in Schaubild 3 verdeutlichen, dass sowohl Versammlungen als auch Veranstaltungen öffentlicher bzw. nichtöffentlicher Natur sein können.

d) Schließlich können beide Alternativen, was die vier gestrichelten Pfeile anzeigen, jeweils unter freiem Himmel oder in geschlossenen Räumen stattfinden.

Von den diesbezüglich theoretisch möglichen Kombinationen sind im Gesetz jedoch nicht alle von Relevanz. Die Schaubilder 4 bis 9 bieten einen Überblick zu den einzelnen Teilen und ihren Paragrafen mit deren Regelungsbereich. Daneben weisen sie auch auf die jeweilige Art der Versammlung hin, für die diese Regelung gilt:

d.a) In Bezug auf öffentliche Veranstaltungen unter freiem Himmel regelt das Gesetz in erster Linie nur das Vermummungs-/Schutzausrüstungs- sowie das Gewalt- und Einschüchterungsverbot. Alle anderen Veranstaltungen werden vom Gesetz grundsätzlich nicht erfasst. Daneben sind aber auch die Regelungen zur Einziehung gem. § 29 sowie die Vorschriften im 5. und 6. Teil hinsichtlich Kosten usw. zu beachten. Wann eine Veranstaltung öffentlich ist, ergibt sich aus § 2 IV VersG NRW.

Gem. § 2 I Nr. 2 VersG NRW regelt das Gesetz das Vermummungsverbot nach § 17. Der § 17 I Nr. 1 verbietet das am Körper Tragen der oder das Mitsichführen von Vermummungsgegenständen bei oder auf dem Weg zur Veranstaltung. Nach § 27 VII ist das Tragen bei einer oder auf dem Weg zu einer

Veranstaltung strafbar. Nach § 28 I Nr. 7 ist das Mitsichführen bei einer oder auf dem Weg zu einer Veranstaltung eine Ordnungswidrigkeit. Gem. § 17 II kann die zuständige Behörde Anordnungen zur Durchsetzung des Verbots treffen, indem sie die verbotenen Gegenstände benennt. Nach § 28 I Nr. 6 handelt ordnungswidrig, wer gegen diese Anordnungen zur Durchsetzung des Vermummungsverbots nach § 17 verstößt.

Im. § 2 I Nr. 2 regelt das Gesetz auch das Schutzausrüstungsverbot nach § 17. Der § 17 I Nr. 2 verbietet das am Körper Tragen oder Mitsichführen von Schutzausrüstung bei oder auf dem Weg zur Veranstaltung. Nach § 27 VII ist das Tragen bei einer oder auf dem Weg zu einer Veranstaltung strafbar. Gem. § 17 I kann die zuständige Behörde Anordnungen zur Durchsetzung des Verbots treffen, indem sie die verbotenen Gegenstände benennt. Nach § 28 I Nr. 6 handelt ordnungswidrig, wer gegen Anordnungen zur Durchsetzung des Vermummungsverbots nach § 17 verstößt.

Gem. § 2 I Nr. 3 regelt das Gesetz das Gewalt- und Einschüchterungsverbot nach § 18. Wer durch sein äußeres Erscheinungsbild Gewaltbereitschaft vermittelt und dadurch einschüchternd wirkt, macht sich gem. § 27 VIII strafbar. Nach § 18 II kann die zuständige Behörde Anordnungen zur Durchsetzung des Verbots treffen, indem sie die verbotenen Gegenstände benennt. Gem. § 28 I Nr. 6 handelt ordnungswidrig, wer gegen Anordnungen zur Durchsetzung des Gewalt-/Einschüchterungsverbot nach § 18 verstößt.

d.b) Weiterhin ist zwischen öffentlichen und nichtöffentlichen Versammlungen und Veranstaltungen zu differenzieren.

Hier ist die Regelung relativ einfach: Der § 2 I Nr. 1 legt fest, dass das VersG NRW die Ausgestaltung der Versammlungsfreiheit gem. Art. 8 GG für öffentliche und nichtöffentliche Versammlungen betrifft.

Im § 2 II findet sich dann eine Art „Generalklausel" für das Gesetz. Soweit nichts anderes bestimmt ist, gilt dieses Gesetz sowohl für öffentliche als auch für nichtöffentliche Versammlungen. Dies bedeutet im Umkehrschluss, dass nichtöffentliche Versammlungen nur dann ausgenommen sind, wenn sich das Gesetz explizit auf öffentliche Versammlungen bezieht.

Wichtig ist auch noch der § 2 IV VersG NRW. Er enthält eine Legaldefinition für Öffentlichkeit bei Versammlungen und Veranstaltungen. Treffen die dazu erforderlichen Merkmale nicht zu, so erhält man im „Umkehrschluss" die Definition von „Nichtöffentlichkeit" (vgl. dazu das Stichwortverzeichnis im Anhang, S. 153).

d.c) Weiterhin ist zwischen Versammlungen unter freiem Himmel und solchen in geschlossenen Räumen zu unterscheiden. Gem. § 2 I Nr. 1 gilt das Gesetz für Versammlungen unter freiem Himmel. Die Regelungen im ersten Teil des Gesetzes gelten dabei auch für solche Versammlungen unter freiem Himmel. Im zweiten Teil sind dann die dafür spezifisch geschaffenen Regelungen enthalten. Die Teile 4 bis 6 gelten grundsätzlich auch für solche Versammlungen. Dies gilt aber immer nur dann, wenn das Gesetz sich nicht ausdrücklich auf bestimmte Versammlungsarten bezieht.

d.d) Schließlich sind noch Versammlungen in geschlossenen Räumen von Interesse. Gem. § 2 I Nr. 1 gilt das Gesetz auch für Versammlungen in geschlossenen Räumen. Auch hier gelten die Regelungen im ersten Teil des Gesetzes für solche Versammlungen. Im dritten Teil sind dann die dafür spezifisch geschaffenen Regelungen enthalten. Die Teile 4 bis 6 gelten grundsätzlich auch für solche Versammlungen. Dies gilt aber immer nur dann, wenn das Gesetz sich nicht ausdrücklich auf bestimmte Versammlungsarten bezieht und dadurch andere Arten von der Regelung ausnimmt.

2.2 Teil 1: Allgemeine Regelungen

Der erste Teil umfasst in den §§ 1 bis 9 die rechtlichen Vorgaben, die zwar grundsätzlich für das gesamte VersG NRW gelten. Aber es gelten in den einzelnen Paragrafen ggf. Beschränkungen bzw. Erweiterungen auf bestimmte „Arten von Versammlungen". Das folgende Schaubild 4 bietet einen ersten Überblick zum inhaltlichen Regelungsbereich der Paragrafen im ersten Teil.

Schaubild 4: VersG NRW Teil 1 „Allgemeine Regelungen" nach Paragrafen, Regelungsbereich und Art der Versammlung

§	Regelungsbereich	V	Va	ö	nö	fH	gR
Teil 1	Allgemeine Regelungen[20]						
<u>1</u> 1 I	<u>Versammlungsfreiheit</u> Versammlungsrecht	 x		 x	 x	 x	 x
1 II	Verwirkung Versammlungsrecht	x		x	x	x	x

20 Die Vorschriften im ersten Teil gelten grundsätzlich für den gesamten Regelungsbereich des Gesetzes, es sei denn, dass die nachfolgenden Paragrafen davon abweichende Regelungen enthalten. Lesebeispiel zu § 1 I: Die Vorschrift gilt für alle Arten von Versammlungen. Sie gilt nicht für Veranstaltungen. Lesebeispiel zu § 2 I Nr. 3: Die Vorschrift gilt für alle öffentlichen Versammlungen und Veranstaltungen unter freiem Himmel.

§	Regelungsbereich	V	Va	ö	nö	fH	gR
2	Regelungsbereich, Begriffsbestimmungen						
2 I Nr. 1	Ausgestaltung Versammlungsfreiheit	x		x	x	x	x
2 I Nr. 2	Vermummungs-/Schutzausrüstungsverbot	x	x	x		x	
2 I Nr. 3	Gewalt- und Einschüchterungsverbot	x	x	x		x	
2 II	Geltungsbereich grundsätzlich für	x		x	x	x	x
3	Definition Versammlung	x		x	x	x	x
4	Definition öffentlich	x	x	x		x	x
3	Zusammenarbeit						
3 I	Aufgabe Versammlungsbehörde	x		x	x	x	x
3 II	Angebot Kooperationsgespräch Veranstalter/Leiter	x		x		x	x
3 III	Kooperationsaufruf an Veranstalter	x		x		x	x
3 IV	Ständige Information Veranstalter/ Leiter	x		x		x	x
4	Veranstaltung einer Versammlung						
4 S. 1	Definition Veranstalter	x		x	x	x	x
4 S. 2	Namensangabe in Einladung	x		x		x	x
5	Versammlungsleitung						
5 I	Definition Leiter	x		x	x	x	x
5 II	Übertragbarkeit Leitung	x		x	x	x	x
5 III S. 1	Leitung ohne Veranstalter	x		x	x	x	x
5 III S. 2	Leitungspflicht (- Spontanversammlung)	x		x		x	x
5 IV	Geltung für nichtöffentliche Versammlungen	x			x	x	x

§	Regelungsbereich	V	Va	ö	nö	fH	gR
6	Pflichten/Befugnisse Versammlungsleiter						
6 I S. 1 + 2	Aufgabe Versammlungsleitung	x		x	x	x	x
6 I S. 3	Versammlungsbehörde in Kenntnis setzen	x		x	x	x	
6 II S. 1	Ordnereinsatz	x		x	x	x	x
6 II S. 2	Kenntlichmachung Ordner	x		x	x	x	
6 II S. 3	Vorschriften Teilnehmer gelten auch für Ordner	x		x	x	x	x
6 III	Gehorsamspflicht Teilnehmer	x		x	x	x	x
6 IV S. 1	Störerausschluss	x		x	x	x	x
6 IV S. 2	Störerausschluss fH	x		x	x	x	
6 IV S. 3	Enfernungspflicht Störer	x		x	x	x	x
7	Störungsverbot						
7 I	Störungsuntersagung	x		x	x	x	x
7 II Nr. 1–2	Beispielfälle	x		x	x	x	x
7 II Nr. 3	Widerstand leisten/angreifen	x		x		x	x
7 III	Kommunikative Gegenproteste	x		x	x	x	x
8	Waffen- und Gewalttätigkeitsverbot						
8 I	Verbot Waffen im un-/technischen Sinne	x		x	x	x	x
8 II	Verbot von Gewalttätigkeiten	x		x	x	x	x
8 III	Aufforderungsverbot zur Teilnahme	x		x		x	x
9	Anwendbarkeit des Polizeirechts						
9 I	nur bei Regelungslücke VersG NRW	x		x	x	x	x
9 II	wie vor für geschlossene Räume	x		x	x		x
9 III	Teilnahme unterbinden	x		x	x	x	x
9 IV	nach Beendigung Versammlung gilt PolG	x	x	x	x	x	x

Abkürzungen: V = Versammlung, Va = Veranstaltung, ö = öffentlich, nö = nicht-öffentlich, fH = unter freiem Himmel, gR = in geschlossenen Räumen.

§ 1 VersG NRW: Versammlungsfreiheit (§§ 1, 17, 14 VersG)

(1) Jede **Person** hat das Recht, sich ohne **Anmeldung** oder **Erlaubnis friedlich** und ohne **Waffen** mit anderen zu **versammeln** und Versammlungen zu **veranstalten**.

(2) Dieses **Recht hat nicht**, wer das Grundrecht der Versammlungsfreiheit gemäß Artikel 18 des Grundgesetzes verwirkt hat.

Quelle: DS 17/12423, S. 6.[21]

Mit dem Paragrafen 1 des Versammlungsgesetzes NRW wird das Grundrecht aus Art. 8 GG[22] auf Ebene eines einfachen Gesetzes konkretisiert. Dies verdeutlicht, dass das VersG NRW ein Vorbehaltsgesetz i. S. v. Art. 8 II GG sowie ein Ausführungsgesetz i. S. v. Art. 8 I GG ist (Dietel, S. 124, Rd Nr. 1).

Zu Abs. 1

Der erste Absatz stellt klar, dass jede Person über das Recht zur Versammlung verfügt.

Person = Darunter ist jede natürliche Person – also jeder lebende Mensch – und jede Personenvereinigung – das sind rechtsfähige juristische Personen und nichtrechtsfähige Personenvereinigungen – zu verstehen. Bei Personenvereinigungen gilt dies aber nur dann, wenn die Grundrechte auf diese ihrem Wesen nach anwendbar sind (Alexy u. a., S. 192 f., Person; Knape/Schönrock, S. 221 f., Rd Nr. 6–7; Dietel, 124–125, Buchst. b; GG, Art. 19 III; Rodorf, Nr. 01; Friederike Wapler [Breitbach/Deiseroth], S. 465, Rd Nr. 11).

Nichtrechtsfähige Personenvereinigungen können sich daher nur auf ihr Grundrecht berufen, wenn ihre Struktur organisatorisch verstetigt und auf eine gewisse Dauer angelegt ist, so z. B. Parteien, Gewerkschaften oder Vereine (Rodorf, Nr. 01, Friederike Wapler [Breitbach/Deiseroth], S. 465, Rd Nr. 11).

Während die Versammlungsfreiheit für Deutsche grundrechtlich geschützt ist, gilt der einfach gesetzliche Schutz des Versammlungsgesetzes auch für Personen ohne deutsche Staatsangehörigkeit. Damit wird auch den Anforderungen aus Art. 11 EMRK und aus Art. 12 I EU-Grundrechtecharta Genüge

---

21 Für die im Gesetzestext jeweils fett gedruckten Merkmale werden in den nachfolgenden Ausführungen Definitionen angeboten.

22 Der Artikel 8 lautet wie folgt: „(1) Alle Deutschen haben das Recht, sich ohne Anmeldung oder Erlaubnis friedlich und ohne Waffen zu versammeln. (2) Für Versammlungen unter freiem Himmel kann dieses Recht durch Gesetz oder auf Grund eines Gesetzes beschränkt werden“ (GG, Art. 8).

getan. Für Ausländer ist jedoch grundsätzlich ein Verbot oder eine Beschränkung gem. § 47 Aufenthaltsgesetz, beispielsweise wenn ihre politische Betätigung den außenpolitischen Interessen der Bundesrepublik zuwiderläuft, möglich. Dies gilt jedoch nicht für Unionsbürger, Bürger der Schweiz und aus dem EWR (Friederike Wapler [Breitbach/Deiseroth], S. 462, Rd Nr. 2 + 3). Die neu gewählte Formulierung „jede Person" soll die altertümlich anmutende Formulierung als „Jedermann" vermeiden (DS 17/12423, S. 45–46, § 1).

Der erste Absatz bestimmt zweitens, dass jede Person ihr Versammlungsrecht ohne Anmeldung oder Erlaubnis wahrnehmen kann.

Was die „Mitteilung" an die Versammlungsbehörde, eine Versammlung veranstalten zu wollen, anbelangt, wird der oftmals anzutreffende Begriffswirrwarr von Anmeldung, Erlaubnis und Anzeige im VersG NRW aufgelöst.

Art. 8 des Grundgesetzes (vgl. GG, Art. 8 I) enthält das Grundrecht, sich ohne Anmeldung oder Erlaubnis zu versammeln. Der bisherige § 14 VersG (vgl. VersG, § 14 I) spricht jedoch von einer erforderlichen Anmeldung für eine Versammlung unter freiem Himmel. Ohne dies hier rechtlich bewerten zu wollen, differenziert das VersG NRW nunmehr zwischen einer Anmeldepflicht und einer Anzeigepflicht für Versammlungen unter freiem Himmel (vgl. unten § 10 I, S. 70). Daraus ergeben sich folgende Begriffsdefinitionen nach dem VersG NRW:

Anmeldung/Erlaubnis = Die Versammlung bedarf der vorherigen Zustimmung durch die Versammlungsbehörde, ansonsten ist ihre Durchführung rechtswidrig (in Anlehnung an Brenneisen u. a., S. 76 f., Nr. 5 + 5.1).

Eine solche Anmelde-/Erlaubnispflicht besteht für NRW nicht. Allerdings eine Anzeigepflicht im folgenden Sinne:

Anzeige = Dies ist die Mitteilung an die Versammlungsbehörde, dass beabsichtigt ist, eine konkrete Versammlung durchzuführen. Es handelt sich um eine aktive Informationspflicht und nicht um einen Antrag auf vorherige Erlaubnis/Genehmigung (a. a. O.).

In der Literatur werden die beiden Begriffe oftmals synonym verwandt (a. a. O.).

Der erste Absatz stellt drittens klar, dass ein Versammlungsrecht nur friedlich und ohne Waffen gewährleistet wird.

friedlich = Eine Versammlung ist friedlich, wenn sie insgesamt keinen ***gewalttätigen*** oder ***aufrührerischen*** Verlauf nimmt, einen solchen Verlauf anstrebt oder ein solcher Verlauf unmittelbar bevorsteht.[23]

> ***Gewalttätigkeit*** = Dies sind aktive, aggressiv auf körperliche Verletzungen von Personen oder erhebliche Beschädigung von Sachen gerichtete Handlungen (DS 17/12423, S. 59, zu Ziffer 1).
>
> ***aufrührerisch*** = Sobald in einer Versammlung Widerstand gegen Vollstreckungsbeamte geleistet wird oder unmittelbar bevorsteht (alle drei Definitionen in Anlehnung an Dietel, S. 53–56, Nr. 1; Dieter Deiseroth/ Martin Kutscha [Breitbach/Deiseroth], S. 377, Rd Nr. 158–160).

unfriedlich = Eine Versammlung ist im Umkehrschluss unfriedlich, wenn sie insgesamt einen gewalttätigen oder aufrührerischen Verlauf nimmt, einen solchen Verlauf anstrebt oder ein solcher Verlauf unmittelbar bevorsteht.

Rodorf (Nr. 07) stellt dazu fest, dass derjenige unfriedlich ist, der Gewalt anwendet. Unfriedlichkeit setzt immer Handlungen von einiger Gefährlichkeit voraus – etwa gewalttätige Ausschreitungen gegen Personen oder Sachen. Die „Unfriedlichkeit" einzelner Personen genügt dem nicht. Die Versammlung insgesamt muss unfriedlich sein bzw. ihr Veranstalter oder ihr Leiter muss eine solche Unfriedlichkeit anstreben bzw. billigen. Entscheidend ist also immer das Gesamtbild der Versammlung (Breitbach/Deiseroth, S. 380 f., Rd Nr. 168–172).

Waffen = Waffen sind die im § 8 I VersG NRW (vgl. dort) aufgeführten Gegenstände (DS 17/11673, S. 19, zu § 1).

Friedlichkeit und Waffenlosigkeit sind im Rahmen des Schutzbereichs der Versammlungsfreiheit aus Art. 8 GG tatsächlich Bedingung für den Genuss und nicht Vorbedingung für die Gewährleistung der Versammlungsfreiheit. Ihre Durchsetzung ist die wesentlichste Aufgabe der Versammlungsbehörde und der Polizei (DS 17/12423, S. 45, zu § 1).

Der erste Absatz stellt viertens fest, dass das Versammlungsrecht das „Versammeln" und das „Veranstalten" beinhaltet.

versammeln = Das Recht, als ***Teilnehmer*** einer Versammlung zu wirken (AK VR, S. 26, Nr. 1).

> ***Teilnehmer*** = Ist jeder, der sich aktiv an der Versammlung beteiligt oder zumindest durch Zuhören und Dabeisein sein Interesse bekundet. Bei

23 Ergeben sich in den Definitionen weitere Merkmale, die ebenfalls zu definieren sind, werden diese durch Kursivschrift gekennzeichnet und die diesbezüglichen Ausführungen im Text eingerückt aufgeführt.

Versammlungen in geschlossenen Räumen ist Teilnehmer, wer am Versammlungsort erscheint, um die Versammlung zu besuchen. Bei einer Versammlung unter freiem Himmel ist dies jede Person, die am Versammlungsort erscheint, um sich aktiv am Versammlungsgeschehen zu beteiligen.

Zufällig anwesende Personen, wie z. B. Passanten, zählen nicht dazu (Friederike Wapler [Breitbach/Deiseroth], S. 478–479, Nr. 2; Dieter Deiseroth/ Martin Kutscha [Breitbach/Deiseroth], S. 374–376, Nr. 9). Art. 8 GG schützt dabei den gesamten Vorgang des Versammelns, also auch die Vorphase, z. B. Vorbereitungen und Anreise, sowie die Nachphase, z. B. die Abreise von der Versammlung (DS 17/11673, S. 19, zu § 1).

veranstalten = Eine Versammlung veranstaltet, wer sie in verantwortlicher Position organisiert (Friederike Wapler [Breitbach/Deiseroth], S. 477, Rd Nr. 53; vgl. auch die Ausführungen zum „Veranstalter“, S. 48).

Der Veranstalter übt eine grundrechtssichernde Funktion für die Teilnehmer aus und hat das Organisationsrecht, die Gestaltungsfreiheit sowie das Leitungsrecht für die Versammlung (Dietel: 60 f., Buchst. ccc). Neben der Bestimmung über Zeit, Ort und Ausgestaltung der Versammlung steht ihm ein weitreichendes Gestaltungs- und Bestimmungsrecht zu (Friederike Wapler [Breitbach/Deiseroth], S. 477 f., Rd Nr. 50–55; Tristan Barczak [Breitbach/ Deiseroth], S. 733 f., Rd Nr. 203 f.).

Zu Abs. 2

Der Hinweis auf eine Verwirkung des Versammlungsrechts im zweiten Absatz hat deklaratorische Bedeutung (DS 17/12423, S. 46, zu § 1).

kein Versammlungsrecht (Verwirkung) = Das Versammlungsrecht aus Art. 8 GG i. V. m. § 1 I VersG NRW kann nicht in Anspruch genommen werden, sofern das Bundesverfassungsgericht seine Verwirkung gem. Art. 18 GG[24] ausgesprochen hat.

24 „Wer die Freiheit der Meinungsäußerung, insbesondere die Pressefreiheit (Artikel 5 Abs. 1), die Lehrfreiheit (Artikel 5 Abs. 3), die Versammlungsfreiheit (Artikel 8), die Vereinigungsfreiheit (Artikel 9), das Brief-, Post- und Fernmeldegeheimnis (Artikel 10), das Eigentum (Artikel 14) oder das Asylrecht (Artikel 16a) zum Kampfe gegen die freiheitliche demokratische Grundordnung mißbraucht, verwirkt diese Grundrechte. Die Verwirkung und ihr Ausmaß werden durch das Bundesverfassungsgericht ausgesprochen.“ (GG: Art. 18).

§ 2 VersG NRW: Regelungsbereich, Begriffsbestimmungen (--- VersG)

(1) Dieses Gesetz regelt

1. die Ausgestaltung der Versammlungsfreiheit bei öffentlichen und nichtöffentlichen Versammlungen unter freiem Himmel oder in geschlossenen Räumen nach Art. 8 des Grundgesetzes,
2. das Vermummungs- und Schutzausrüstungsverbot bei öffentlichen Versammlungen unter freiem Himmel und bei sonstigen öffentlichen Veranstaltungen unter freiem Himmel nach § 17 und
3. das Gewalt- und Einschüchterungsverbot bei öffentlichen Versammlungen unter freiem Himmel und bei sonstigen öffentlichen Veranstaltungen unter freiem Himmel nach § 18.

(2) Soweit nichts anderes bestimmt ist, gilt dieses Gesetz sowohl für öffentliche als auch für nichtöffentliche Versammlungen.

(3) **Versammlung** im Sinne dieses Gesetzes ist eine örtliche Zusammenkunft von mindestens drei Personen zur gemeinschaftlichen, überwiegend auf die Teilhabe an der öffentlichen Meinungsbildung gerichteten Erörterung oder Kundgebung.

(4) Eine Versammlung oder Veranstaltung ist **öffentlich**, wenn die Teilnahme nicht auf einen individuell bestimmten Personenkreis beschränkt ist oder die Versammlung auf eine Kundgebung an die Öffentlichkeit in ihrem räumlichen Umfeld gerichtet ist.

Quelle: DS 17/12423, S. 7; DS 17/15821, S. 1, Nr. 2a–b.

Der Paragraf 2 präzisiert den Regelungsbereich des Gesetzes und enthält sog. Legaldefinitionen für zwei maßgebende Begriffe im Versammlungsrecht.

Zu Abs. 1

Im ersten Absatz wird der Regelungsbereich des Gesetzes definiert, nämlich für öffentliche und nichtöffentliche Versammlungen sowohl unter freiem Himmel als auch in geschlossenen Räumen. Das Gesetz geht aber auch über das Versammlungsrecht im engeren Sinne hinaus, wenn das Vermummungs-, Schutzausrüstungs- und Gewalt-/Einschüchterungsverbot nicht nur für Versammlungen, sondern aufgrund der Sachnähe hier auch für Veranstaltungen geregelt wird (DS 17/12423, S. 46, zu § 2 I).

Zu Abs. 2

Im zweiten Absatz wird bestimmt, dass das Versammlungsgesetz, soweit nichts anderes bestimmt ist, auf öffentliche und nichtöffentliche Versammlungen Anwendung findet. Für nichtöffentliche Versammlungen sind jedenfalls die Normen im VersG NRW anwendbar, die die Friedlichkeit sicherstellen sollen sowie ggf. Beschränkungen, Verbote und Auflösungen mit den jeweiligen Eingriffsschwellen (AK VR, 30 f., Nr. 4).

Zu Abs. 3

Der dritte Absatz beinhaltet die Legaldefinition des Begriffes der „Versammlung" und impliziert Definitionen für die Begriffe „Veranstaltung" und „Ansammlung":

Versammlung = Sie ist die örtliche Zusammenkunft von mindestens drei Personen zur gemeinschaftlichen, überwiegend auf die Teilhabe an der öffentlichen Meinungsbildung gerichteten Erörterung oder Kundgebung (vgl. Abs. III des Gesetzestextes).

Die erforderliche Personenzahl für das Vorliegen einer Versammlung ist in der Rechtslehre strittig. Der Gesetzgeber will ursprünglich die geringste mögliche Zahl, die eine „Zusammenkunft" schon rein begrifflich erfordert, nämlich zwei Personen, zugrunde legen. Nach der Anhörung im Landtag entscheidet er sich jedoch für drei Personen. Versammlungsrechtliche Anforderungen, wie z. B. die Anzeigepflicht, sollen erst dann gelten, um eine größtmögliche Verfassungsfreundlichkeit des Versammlungsrechts zu erreichen. Versammlungen bedürfen immer eines Ortsbezugs, der sich dadurch äußert, dass sie an einem bestimmten Ort oder sich fortbewegend, als sog. Aufzug,[25] stattfinden. „Virtuelle" Versammlungen über Internet unterliegen daher nicht dem VersG NRW. „Hauptzweck" der Versammlung muss die Teilhabe an der öffentlichen Meinungsbildung sein. Dies darf keinen bloßen Nebenakt, der gelegentlich der Versammlung erfolgt, darstellen. Wenn auch in der Literatur umstritten, so unterliegen sog. „Volksbelustigungen", wie Sportveranstaltungen oder Rockkonzerte, aber beispielsweise auch traditionelle kirchliche Prozessionen, nicht dem Versammlungsrecht (DS 17/12423, S. 47, zu § 2 III und DS 17/15821, S. 8, zu Nr. 2).

Der § 2 spricht zwar von Versammlung und sonstigen öffentlichen Veranstaltungen, trifft jedoch keine explizite Unterscheidung zwischen beiden. Legt man die Definition von Versammlungen zugrunde, wäre jede Zusam-

25 Auch der AK VR definiert einen Aufzug als sich fortbewegende Versammlung, will ihn jedoch auch im Gesetz definieren (Vgl. AK VR, S. 12, § 2).

menkunft von mindestens drei Personen zu einem gemeinsamen Zweck, der nicht auf die Teilhabe an der öffentlichen Meinungsbildung gerichtet ist, eine Veranstaltung. Hier hilft ein Blick in die Literatur weiter, wobei zwischen (öff.) Veranstaltung und Ansammlung unterschieden werden kann.

Veranstaltung = Örtliche Zusammenkunft von mindestens zwei Personen, wenn diese ein Gemeinschaftserlebnis unter Gleichgesinnten suchen (Dietel, S. 21, Rd Nr. 71).

Dabei treffen sich mehrere Personen (= Publikum) an einem bestimmten Ort, um an dem gleichen Geschehen teilzunehmen. Es besteht jedoch kein gemeinsamer Zweck, sondern der individuell gleiche in Bezug auf ein Gemeinschaftserlebnis. Darunter fallen z. B. Volksfeste, Märkte, Konzerte oder Eventveranstaltungen (a. a. O.). Diese lassen sich wiederum von sog. Ansammlungen unterscheiden:

Ansammlung = Eine Personenmehrheit, wenn einzelne Personen an einem Ort zufällig zusammentreffen (Dietel, S. 21, Rd Nr. 69).

Hier fehlt es an der gemeinsamen Beziehung, z. B. bei Reisenden in der Bahnhofshalle oder Schaulustigen am Unfallort (a. a. O.). In Teilen wird in der Literatur die Auffassung vertreten, dass auch aufgelöste Versammlungen als solche Ansammlungen zu bewerten sind.

Zu Abs. 4

Der vierte Absatz beinhaltet die Legaldefinition für „Öffentlichkeit“ und impliziert die Definition für „nichtöffentlich“.

öffentlich = Eine Versammlung oder Veranstaltung ist öffentlich, wenn die Teilnahme nicht auf einen individuell bestimmten Personenkreis beschränkt ist oder die Versammlung auf eine Kundgebung an die Öffentlichkeit in ihrem räumlichen Umfeld gerichtet ist (vgl. Abs. IV des Gesetzestextes). Letzteres setzt voraus, dass die Versammlung die räumlich angrenzende Öffentlichkeit in ihren kommunikativen Prozess einbezieht, etwa durch Lautsprecher- oder Videoaufforderung (DS 17/12423, S. 48, zu § 2 IV).

Eine Versammlung ist also auch dann öffentlich, wenn ein geschlossener Personenkreis teilnimmt, jedoch durch Kundgebung in die Öffentlichkeit wirkt. Dies gilt auch für den Fall, wenn ein auf Mitglieder begrenzter Aufzug auf öffentlichen Straßen stattfindet, um gegenüber der Öffentlichkeit die eigene Meinung kundzutun. Macht der Veranstalter bei einer öffentlichen Versammlung in geschlossenen Räumen von seinem Ausschlussrecht aus § 22 VersG NRW gegenüber bestimmten Personen Gebrauch, ändert dies nichts am Charakter ihrer Öffentlichkeit (AK VR, S. 30 f., Nr. 4).

nichtöffentlich = Dies sind alle Versammlungen, die nicht die Merkmale der o. a. öffentlichen Versammlung aufweisen (DS 17/12423, S. 48 zu Abs. IV).

Sie können sowohl in geschlossenen Räumen als auch unter freiem Himmel stattfinden. Im letzteren Fall müsste allerdings eine räumliche Abtrennung vorhanden sein. Auf privatem Gelände genügt dazu eine Einlasskontrolle, die sicherstellt, dass ausschließlich geladenen Personen Zutritt gewährt wird (AK VR: 30 f., Nr. 4).

Merkmale, die im Gesetz in verschiedenen Paragrafen vorkommen, werden nur an einer Stelle dieser Kommentierung definiert. Dabei orientiere ich mich an den diesbezüglichen Ausführungen in der Drucksache 17/12423 und dem Musterentwurf des AK VR. Im hier vorgestellten § 2 sind dies beispielsweise zu den Merkmalen freier Himmel der § 10, geschlossener Raum der § 22, Vermummungs- und Schutzausrüstungsverbot der § 17 sowie zu Gewalt- und Einschüchterungsverbot der § 18.

§ 3 VersG NRW: Zusammenarbeit (--- VersG)

(1) **Aufgabe** der **zuständigen Behörde** ist es, die Durchführung der Versammlung vor Störungen zu schützen und von der Versammlung oder von Dritten auf die Versammlung oder ihre Teilnehmer ausgehende Gefahren für die öffentliche Sicherheit abzuwehren.

(2) Soweit es nach Art und Umfang der Versammlung erforderlich ist, bietet die zuständige Behörde der Person, die eine öffentliche Versammlung veranstaltet oder der die Leitung übertragen worden ist, rechtzeitig ein **Kooperationsgespräch** an, um die Gefahrenlage und sonstige Umstände zu erörtern, die für die ordnungsgemäße Durchführung der Versammlung wesentlich sind. Bestehen Anhaltspunkte für Gefahren, die gemäß § 13 Absatz 1 oder 2, § 23 Absatz 1 zu einem Verbot oder Beschränkungen führen können, ist Gelegenheit zu geben, durch ergänzende Angaben oder Veränderungen der beabsichtigten Versammlung ein Verbot oder Beschränkungen entbehrlich zu machen.

(3) Die Veranstalterin oder der Veranstalter einer öffentlichen Versammlung ist **aufgerufen**, mit den zuständigen Behörden **zu kooperieren**, insbesondere Auskunft über Art, Umfang und vorgesehenen Ablauf der Veranstaltung zu geben. Die Veranstalterin oder der Veranstalter ist zur Mitwirkung nicht rechtlich verpflichtet. Die zuständige Behörde soll die Mitwirkung der Veranstalterin oder des Veranstalters oder der die Versammlung leitenden Person jedoch bei Maßnahmen nach § 13 berücksichtigen.

(4) Im Rahmen der Kooperation **informiert** die zuständige Behörde die Person, die eine öffentliche Versammlung veranstaltet oder der die Leitung übertragen worden ist, vor und während der Versammlung über erhebliche Änderungen der Gefahrenlage, soweit dieses nach Art und Umfang der Versammlung erforderlich ist.

Quelle: DS 17/12423, S. 7–8; DS 17/15821, S. 2, Nr. 3.

Der Paragraf 3 regelt vor dem Hintergrund des behördlichen Auftrages zum Schutz der Versammlung und der Allgemeinheit die dafür erforderliche Zusammenarbeit zwischen der Behörde und dem Veranstalter.

Zu Abs. 1

Mit dem ersten Absatz wird das für die versammlungsrechtliche Praxis bedeutsame Thema von wesentlichen Aufgaben der für das Versammlungsrecht zuständigen Behörde geregelt. Hiermit wird der verfassungsgerichtlichen Rechtsprechung Rechnung getragen (DS 17/12423, S. 48 f., zu § 3 I). Die Norm verdeutlicht die staatliche Schutz- und Gewährleistungsaufgabe für alle Versammlungen sowie die Funktion des Versammlungsgesetzes als „Freiheitsermöglichungsrecht".

Aufgaben zuständige Behörde = Die Versammlungsbehörde hat drei versammlungsrechtliche Aufgaben: Sie schützt die Versammlung selbst vor Störungen. Sie wehrt von der Versammlung ausgehende Gefahren für die öffentliche Sicherheit ab. Sie wehrt die von Dritten auf die Versammlung oder ihre Teilnehmer ausgehenden Gefahren für die öffentliche Sicherheit ab (vgl. Abs. I Gesetzestext).

Erstens ist also die Durchführung von Versammlungen zu unterstützen, beispielsweise durch das Freihalten des Versammlungsraumes oder durch verkehrsregelnde bzw. verkehrslenkende polizeiliche Maßnahmen. Zweitens ist die Ausübung des Versammlungsrechts der Teilnehmer zu schützen, z. B. vor rechtswidrigen Eingriffs- oder Vereitelungsaktionen anderer Personen. Drittens müssen von der Versammlung selbst ausgehende Gefahren für die öffentliche Sicherheit oder Ordnung abgewehrt werden. Kollidiert die Versammlungsfreiheit mit Grundrechten von Unbeteiligten, so ist ggf. ein Interessenausgleich zwischen beiden (sog. praktische Konkordanz) anzustreben (AK VR, S. 32 f., Nr. I bis III c).

Die ursprünglich geplante Aufnahme des Schutzgutes der öffentlichen Ordnung wird nach der Anhörung der Sachverständigen verworfen. Sie wird in der Rechtsanwendung häufig als zu unpräzise empfunden (DS 17/15821, S. 8, zu Nr. 3).

Zu Abs. 2

Mit der Einführung eines Kooperationsgesprächs im zweiten Absatz für öffentliche Versammlungen wird dem von Rechtsprechung und Wissenschaft seit Langem anerkannten Institut der versammlungsrechtlichen Zusammenarbeit bzw. Kooperation zwischen Versammlungsbehörde und Veranstalter Rechnung getragen.

Kooperationsgespräch = Diskursangebot der Versammlungsbehörde im Vorfeld der Versammlung an den Anmelder und Leiter einer öffentlichen Versammlung, um durch veranstaltungsbezogene Erörterungen der Gefahrenlage und sonstiger wesentlicher Umstände eine gesetzeskonforme Durchführung der Versammlung zu ermöglichen (vgl. Abs. II Gesetzestext; dazu ausführlich Dietl u. a., S. 263–274, Nr. II).

Das Gespräch spielt in der polizeilichen Praxis seit Langem eine herausragende Rolle. Als „Angebot" der Polizei an Anmelder und Leiter der Versammlung steht es diesen selbstverständlich frei, daran teilzunehmen oder auch nicht. Eine Verweigerung darf jedoch keinesfalls zu einem Automatismus für repressive Maßnahmen führen.

Als „Diskurs" angelegt, ermöglicht es eine sachbezogene Auseinandersetzung auf Augenhöhe zwischen Polizei und Veranstalter/Leiter. Aus der soziologischen Forschung ist zudem bekannt, dass im Vorfeld abgesprochene Modifikationen spätere Auflagen oder Verbote minimieren. Die Erkenntnis, dass insbesondere Extremisten eine sachbezogene Zusammenarbeit mit der Polizei grundsätzlich ablehnen, kann kein Argument gegen eine Einladung zu einem Kooperationsgespräch sein (DS 17/12423, S. 49 f., zu § 3 II). Ob im konkreten Einzelfall ein Bedarf zu einer solchen Erörterung besteht, entscheidet sich nach den jeweiligen Umständen. Insbesondere danach, ob vorab bereits Anhaltspunkte von Gefahren für die öffentliche Sicherheit erkennbar sind. Solche Anhaltspunkte können ein besonders kontroverser Versammlungszweck oder -anlass, die Größe der Versammlung, die gewählte Örtlichkeit oder der vorgesehene Zeitrahmen begründen.

Der Bedarf dürfte bei Versammlungen in geschlossenen Räumen eher selten bestehen, z. B. um den Teilnehmern den Zugang zum Versammlungsort zu ermöglichen oder angekündigte Störungen durch Dritte zu verhindern (AK VR, S. 33–35, Nr. 2). Sinn und Zweck einer gesetzeskonformen Durchführung der Versammlung ist es nicht, die Arbeit der Polizei möglichst gering zu halten, sondern den Teilnehmern eine größtmögliche Gestaltung ihres Versammlungsrechts als „Freiheitsermöglichungsrecht" zu gewährleisten.

Zu Abs. 3

Der dritte Absatz führt die vom BVerfG in seiner sog. „Brokdorf-Entscheidung“ herausgearbeitete Pflicht des Veranstalters zur Kooperation mit der Versammlungsbehörde bei öffentlichen Versammlungen gesetzlich ein.

Kooperationsaufruf = Angebot der Behörde an den Veranstalter/Leiter einer öffentlichen Versammlung mit der Versammlungsbehörde, insbesondere im Hinblick auf Art, Umfang und vorgesehenen Ablauf der Veranstaltung, zusammenzuarbeiten (DS 17/12423, S. 50 f., zu § 3 III).

Diese Pflicht ergibt sich aus der Gemeinschaftsbezogenheit der Grundrechtsausübung sowie der Verursachermitverantwortung für die Auswirkungen bei Großdemonstrationen. Auf der anderen Seite steht die verfassungsrechtliche Verpflichtung für Verwaltungspraxis und Rechtsprechung, eine entsprechende Bereitschaft des Veranstalters zu begünstigen. Die Nichtwahrnehmung der Kooperationspflicht entfaltet zwar keine diesbezügliche Sanktionswirkung durch die Versammlungsbehörde, kann jedoch Auswirkungen auf Anordnung und Rechtmäßigkeit gefahrenabwehrender Verbote, Beschränkungen oder Verfügungen haben. So trägt beispielsweise die Versammlungsleitung das Risiko einer Gefahreneinschätzung seitens der Polizei, wenn sie diese nicht über die Veränderung der Gefahrenlage informiert. Weiterhin kann die Einschätzung der Versammlungsleitung dadurch bei der behördlichen Entscheidung auch nicht berücksichtigt werden (DS 17/12423, S. 50–51, zu § 3 III).

Zu Abs. 4

Die im vierten Absatz gesetzlich normierte Informationspflicht durch die Versammlungsbehörde dient der permanenten und sachgerechten Wahrnehmung der dem Veranstalter bzw. Leiter obliegenden Pflichten nach dem VersG NRW.

Informationsgebot = Auftrag an die Versammlungsbehörde, den Veranstalter oder Leiter einer öffentlichen Versammlung vor und während der Versammlung über erhebliche Änderungen der Gefahrenlage, soweit dieses nach Art und Umfang der Veranstaltung erforderlich ist, zu informieren (vgl. Abs. IV).

Sie bedarf für evtl. später erforderlich werdende Straf- oder Ordnungswidrigkeitenverfahren der umfassenden Dokumentation (DS 17/12423, S. 52, zu § 3 IV). Die behördliche Schutzaufgabe wirkt auch vor oder während der Durchführung der Veranstaltung fort. Sie entfaltet den Grundgedanken des kooperativen Zusammenwirkens von Veranstalter/Leiter und Polizei bis zum Ende der Versammlung. Ggf. macht eine veränderte Gefahrenlage weitere Kooperationsgespräche erforderlich. Auch kann dadurch die leitende Person in die Lage versetzt werden, in Ausübung ihrer Leitungsgewalt auf die Abwehr dieser Gefahren hinzuwirken (AK VR, S. 35, Nr. 3 + 4).

§ 4 VersG NRW: Veranstaltung einer Versammlung (§ 2 I VersG)

> Wer zu einer Versammlung **einlädt** oder die Versammlung nach § 10 **anzeigt** oder deren **Zulassung** nach § 20 Absatz 2 **beantragt**, **veranstaltet** eine Versammlung.
> In der Einladung zu einer öffentlichen Versammlung ist der Name der Veranstalterin oder des Veranstalters anzugeben.

Quelle: DS 17/12423, S. 8.

Im Bundesversammlungsgesetz ist der Begriff des Veranstalters nicht explizit definiert. Er wurde daher bislang aus den im Bundesgesetz aufgeführten Rechten und Pflichten des Veranstalters abgeleitet.

Zu Satz 1

Nunmehr wird im § 4 Satz 1 des VersG NRW eine Legaldefinition für den Begriff des Veranstalters aufgenommen. Den Begriff im Gesetz zu definieren, ist erforderlich, da zahlreiche andere Bestimmungen des Versammlungsgesetzes an diese Funktion unmittelbar anknüpfen (AK VR, S. 36, Nr. II).

Veranstalter = Ist die Person bzw. sind die Personen, die zu einer Versammlung ***einladen***, die Versammlung nach § 10 anzeigen oder deren ***Zulassung*** nach § 20 II ***beantragen*** (vgl. Gesetzestext).

> ***einladen*** = Es besteht in erster Linie in der ausdrücklichen Aufforderung, an einer von der Person geplanten öffentlichen oder nichtöffentlichen Versammlung teilzunehmen, mit deren Zweck sich die teilnehmende Person so weit identifiziert, dass sie die Versammlung auch als eigene versteht (DS 17/12423, S. 52 f., § 4 unter Bezugnahme auf AK VR).
>
> ***Zulassung beantragen*** = Wer als Veranstalter einen Antrag an den Präsidenten des Landtages stellt, ausnahmsweise im befriedeten Bannkreis des Landtages eine Versammlung durchführen zu dürfen (§ 20 I, II VersG NRW).

Veranstalter kann eine bestimmte Person sein. Es können aber auch mehrere Personen bei „arbeitsteiligem" Handeln sein. Zeigt jemand eine Versammlung an (vgl. dazu die Ausführungen zum § 10, S. 69) oder beantragt er deren Zulassung (vgl. dazu die Ausführungen zum § 20 II, S. 108), so ist der Fall eindeutig. Die Person wird dadurch zum verantwortlichen Veranstalter der Versammlung.

Beim Einladenden ist dies jedoch nicht so eindeutig. Nicht jede Aufforderung zur Teilnahme an einer Versammlung Dritter macht jemanden zum Veranstalter. Veranstalter ist bzw. zu einem solchen wird nur derjenige, der für eine von ihm geplante Versammlung aktiv wird. Rechtlich umstritten ist, ob auch jemand dann als Veranstalter zu qualifizieren ist, wenn er nicht in der genannten Weise agiert, z. B. indem er nur an der Vorbereitung, Organisation, Raumbeschaffung, Rednergewinnung oder Anreiseplanung mitarbeitet. Dies kann nur dann der Fall sein, wenn diesbezüglich eindeutige Konstellationen vorliegen.

Bei mehreren Personen, die versuchen, sich durch ein kollusives Zusammenwirken der Pflichten als Veranstalter zu entziehen, indem sie bloß zur Teilnahme auffordern, ohne dass jemand die Versammlung anzeigt oder zu ihr einlädt, sind alle diese Personen als Verantwortliche anzusehen. In der Praxis besonders problematisch ist die sog. „veranstalterlose Versammlung“, bei der niemand als Veranstalter im Rechtssinne auftritt. Einerseits sind auch diese durch Art. 8 GG geschützt. Andererseits kann der Gesetzgeber es nicht in das subjektive Belieben von Versammlungsteilnehmern stellen, ob eine Versammlung einen Veranstalter hat, da dann niemand als verantwortlicher Leiter für die gesetzlichen Pflichten verantwortlich wäre. Daher sind sie zwar verfassungsrechtlich zulässig, jedoch verwaltungspraktisch als unerwünschter Ausnahmefall anzusehen (DS 17/12423, S. 52 f., zu § 4; AK VR, S. 36–38, § 4).

Zu Satz 2

Im § 4 Satz 2 wird gesetzlich bestimmt, dass in der Einladung zu einer öffentlichen Versammlung der Name des Veranstalters anzugeben ist. Dadurch soll ein Mindestmaß an Transparenz als Voraussetzung für die Funktionsfähigkeit demokratischer Öffentlichkeit gewährleistet werden (AK VR, S. 37 f., § 4).

§ 5 VersG NRW: Versammlungsleitung (§§ 7, 18 I VersG)

(1) Wer eine Versammlung veranstaltet, leitet die Versammlung. Veranstalten mehrere Personen eine Versammlung, bestimmen diese die **Versammlungsleitung**. Veranstaltet eine Vereinigung die Versammlung, so wird sie von der Person geleitet, die für die Vereinigung handlungsbefugt ist.

(2) Die Versammlungsleitung ist übertragbar.

(3) Gibt es keine Person, die die Versammlung veranstaltet, soll die Versammlung eine Versammlungsleitung bestimmen. Bei jeder öffentlichen Versammlung muss eine Person die Leitung innehaben. Dies gilt nicht für Spontanversammlungen (§ 10 Absatz 4).

(4) Die Vorschriften dieses Gesetzes über die Versammlungsleitung gelten für nichtöffentliche Versammlungen nur, wenn eine Versammlungsleitung bestimmt ist.

Quelle: DS 17/12423, S. 9; DS 17/15821, S. 2, Nr. 4.

Der Paragraf 5 beinhaltet die wesentlichen Bestimmungen über die Versammlungsleitung.

Zu Abs. 1

Im ersten Absatz des § 5 ist geregelt, wer die Versammlungsleitung innehat. Da jede Versammlung grundsätzlich ihre Ordnung selbst organisiert, ist der Veranstalter als Person und Grundrechtsträger für Organisation und Ablauf, also auch für die Leitung verantwortlich. Bei mehreren Veranstaltern bestimmen diese die für die Leitung verantwortliche Person. Hier ist auch eine Versammlungsleitung durch mehrere Personen, z. B. ein Triumvirat, rechtlich möglich. Bei einer Vereinigung obliegt die Leitung dem für die Vereinigung verantwortlichen Handlungsbefugten, zumeist also dem Vorsitzenden. Der Fall, dass die Versammlung keinen Veranstalter und damit auch keinen Leiter hat, soll in der Praxis die Ausnahme bleiben (DS 17/12423, S. 53, zu § 5 I; AK VR, 38 f., Nr. I–1).

Versammlungsleitung mit Veranstalter = Die Leitung obliegt dem Veranstalter. Bei mehreren Veranstaltern wird die Leitung von diesen gemeinsam bestimmt. Bei Vereinigungen obliegt die Leitung der für die Vereinigung handlungsbefugten Person (vgl. Abs. I im Gesetzestext).

Zu Abs. 2

Im zweiten Absatz wird, wie bisher auch, die Möglichkeit der „Delegation" beibehalten. Der Veranstalter kann seine Pflichten als Leiter der Versammlung einer anderen Person bzw. mehreren anderen Personen übertragen. Dies ist Ausfluss aus dem Selbstorganisationsrecht des Veranstalters (DS 17/12423, S. 53, zu Abs. 2; AK VR, S. 39, Nr. 2).

Zu Abs. 3

Der dritte Absatz regelt den Ausnahmefall, dass eine Versammlung zum Zeitpunkt ihres Ablaufes noch keinen Veranstalter hat. Hier ist z. B. an nicht organisierte sog. „Flashmobs" oder an Spontanversammlungen, die sich erst in ihrem Verlauf organisatorisch strukturieren, zu denken.

Versammlungsleitung ohne Veranstalter = Die Leitung soll von der Versammlungbestimmt werden. Bei öffentlichen Versammlungen – mit Ausnahme von Spontanversammlungen – muss eine Person die Leitung innehaben (vgl. Abs. III im Gesetzestext).

In solchen Fällen sollen gem. Satz 1 der Vorschrift die Teilnehmer der Versammlung einen Leiter bestimmen. Hier geht der Gesetzgeber über die vom AK VR diesbezüglich vorgeschlagene Kann-Bestimmung hinaus, indem er eine Ausgestaltung als Soll-Vorschrift wählt. Bei einer Kann-Regelung läge es im Ermessen (Alexy u. a., S. 98, Ermessen) der Versammlungsbehörde, ob sie im Einzelfall auf die Benennung eines Leiters besteht. Durch die jetzige Soll-Regelung muss die Behörde darauf bestehen. Andererseits ist es aber auch schwer möglich, die Teilnehmer zu einer Bestimmung „zu zwingen" bzw. eine so bestimmte Person ggf. auch gegen ihren Willen mit der Leitung zu beauftragen. Insofern hat der Gesetzgeber sich auch nicht für eine Muss-Regelung entschieden. Eine solche würde zwangsläufig dazu führen, dass ohne Leiter keine Durchführung der Versammlung möglich wäre. Dies würde jedoch das Versammlungsgesetz als „Freiheitsermöglichungsgesetz" konterkarieren.[26] So liegt es im Ermessen der Versammlungsbehörde zu entscheiden, ob die Versammlung trotz „Leitungslosigkeit" möglich ist (DS 17/12423, 5 f., zu § 5 III; AK VR, S. 39 f., Nr. III).

In Satz 2 wird bestimmt, dass bei jeder öffentlichen Versammlung eine Person die Leitung innehaben muss. Nach Anhörung der Sachverständigen hat der Gesetzgeber durch Ergänzung im dritten Satz Spontanversammlungen im Sinne des § 10 IV von dieser Regelung ausgenommen (DS 17/15821, S. 8, Nr. 4).

Das BVerfG hat im Zusammenhang mit der Strafbarkeit nach § 26 Nr. 2 VersG[27] entschieden, dass die Versammlungsbehörde an bestimmte Handlungen anknüpfen und danach faktische Leiter von Versammlungen als rechtsverantwortlich erkennen darf. Eine solche Auslegung wäre geeignet, einer Umgehung des Erfordernisses einer Anmeldung unter Benennung eines Versammlungsleiters entgegenzuwirken. Dadurch würde das legitime Ziel des gesetzlichen Anmeldeerfordernisses, ohne die Versammlungsfreiheit in übermäßiger Weise einzuschränken, gewährleistet (DS 17/12423, 53 f., zu § 5 III; AK VR, S. 39 f., Nr. III).

26 Hier hat meine eigene dienstliche Erfahrung gezeigt, dass in fast allen Fällen „ohne Leiter" ein diesbezügliches Gespräch mit den Teilnehmern dazu führt, dass sich jemand bereit erklärt, die Leitung zu übernehmen und dann auch von den Teilnehmern bestätigt wird.

27 „Wer als Veranstalter oder Leiter [...] 2. eine öffentliche Versammlung unter freiem Himmel oder einen Aufzug ohne Anmeldung (§ 14) durchführt, wird mit Freiheitsstrafe bis zu einem Jahr oder mit Geldstrafe bestraft." (VersG, § 26 II).

Zu Abs. 4

Der vierte Absatz regelt die Versammlungsleitung bei nichtöffentlichen Versammlungen. Das VersG NRW gilt für öffentliche und grundsätzlich auch für nichtöffentliche Versammlungen. Letztere bedürfen allerdings nicht zwingend einer Leitung, beispielsweise private und informelle Diskussionskreise. Nur für den Fall, dass eine Leitung bestimmt ist, sollen die Vorschriften des § 5 und § 6 dieses Gesetzes über die Versammlungsleitung gelten. Dieses Bestimmen kann durch den Veranstalter selbst, bei veranstalterlosen Versammlungen durch die Versammlung, aber beispielsweise auch durch Parteienrecht erfolgen (DS 17/12423, S. 54, zu § 5 IV; AK VR, S. 40, Nr. 4).

§ 6 VersG NRW: Pflichten und Befugnisse der Versammlungsleitung (§§ 8–11, 18 II, 19 VersG)

(1) Die Versammlungsleitung sorgt für den **ordnungsgemäßen Ablauf** der Versammlung und wirkt auf deren Friedlichkeit hin. Sie darf die Versammlung jederzeit unterbrechen oder schließen. Bei Versammlungen unter freiem Himmel soll die zuständige Behörde über das beabsichtigte Vorhaben in Kenntnis gesetzt werden.

(2) Die Versammlungsleitung kann sich der Hilfe von geeigneten Ordnerinnen und **Ordner** bedienen, die mindestens 14 Jahre alt sein müssen. Diese müssen bei Versammlungen unter freiem Himmel durch weiße Armbinden oder Leibwesten, die nur die gut sichtbare Bezeichnung „Ordnerin" oder „Ordner" tragen dürfen, kenntlich sein. Die Vorschriften dieses Gesetzes für Teilnehmerinnen und Teilnehmer der Versammlung gelten auch für Ordnerinnen und Ordner.

(3) Die zur Aufrechterhaltung der Ordnung in der Versammlung getroffenen **Anweisungen** der Versammlungsleitung und der Ordnerinnen und Ordner sind zu befolgen.

(4) Die Versammlungsleitung darf Personen, welche die Ordnung der Versammlung erheblich stören, ausschließen. Bei Versammlungen unter freiem Himmel darf dies nur mit Zustimmung der zuständigen Behörde erfolgen. Wer aus der Versammlung ausgeschlossen wird, hat sich unverzüglich zu **entfernen**.

Quelle: DS 17/12423, S. 9–10.

Der § 6 VersG NRW hebt einerseits die bisherige Zersplitterung der Rechte der Versammlungsleitung nach Beginn der Versammlung in den Paragrafen 8 bis 11 sowie 19 des VersG auf und präzisiert diese andererseits, soweit die

Versammlung nicht verboten oder aufgelöst ist. Dabei wird ein Mindestmaß von Befugnissen zur Aufrechterhaltung der Sicherheit und Ordnung normiert (DS 17/12423, S. 54, zu § 6; AK VR, S. 41 f., § 6, Nr. I–III).

Zu Abs. 1

Im ersten Absatz sind die zentralen Rechtspflichten der Versammlungsleitung bei der Versammlung geregelt. Die oberste Pflicht ist, dafür zu sorgen, dass die Versammlung ordnungsgemäß abläuft.

ordnungsgemäßer Ablauf = Dies „[...] bedeutet, dass die Versammlung in einem umfassenden Sinne nach den Kautelen ihrer Anmeldung und nach allen für sie relevanten und zu beachtenden und einzuhaltenden gesetzlichen Vorgaben [...] abläuft." (DS 17/12423, S. 55, zu Abs. 1).

Es sollen möglichst Gefahren von der Versammlung ferngehalten werden und von ihr sollen möglichst auch keine Gefahren für die öffentliche Sicherheit oder Ordnung ausgehen. Daneben hat die Versammlungsleitung darauf hinzuwirken, dass diese friedlich (vgl. oben S. 39) verläuft. Wird seitens des Veranstalters bereits im Vorfeld öffentlich zu Straftaten, z. B. Nötigung oder Widerstand gegen die Polizei, aufgerufen, so hat eine Bestätigung im Sinne der §§ 10, 12 und 13 VersG NRW zu unterbleiben. Dies kann auch der Fall sein, wenn „ziviler Ungehorsam" durch Land- oder Hausfriedensbruch öffentlich angekündigt wird. Um den ordnungsgemäßen Ablauf zu sichern bzw. die Friedlichkeit zu gewährleisten, besteht seitens der Versammlungsleitung das Recht, die Versammlung jederzeit zu unterbrechen bzw. zu schließen. Da beides erhebliche Eskalationswirkungen entfalten kann, soll die Polizei über eine diesbezügliche Absicht vor der Umsetzung in Kenntnis gesetzt werden (DS 17/12423, S. 54 f., zu § 6 I; AK VR, S. 41 f., § 6, Nr. I).

Zu Abs. 2

Im zweiten Absatz wird, unter Einbeziehung von § 10 II und 12 II VersG NRW, der Einsatz „geeigneter" Ordner bei Versammlungen geregelt. Bisher ist dies für Versammlungen unter freiem Himmel in den § 9 und 18 II VersG unübersichtlich und zu kompliziert aufgeführt. Es bleibt dabei, dass die Versammlungsleitung Ordner bestimmen darf, aber nicht bestimmen muss.

Ordner = Sie haben die Aufgabe, den Versammlungsleiter bzw. die Versammlungsleitung bei deren Ausübung der Ordnungsfunktion zu unterstützen. Sie unterliegen dabei dessen/deren Weisungen (Dietel u. a., S. 186, Rd Nr. 1).

In der Neuregelung wird nur noch die allgemeine Geeignetheit der Personen, die als Ordner eingesetzt werden, verlangt. Die bislang erforderliche Volljährig- und Ehrenamtlichkeit der Ordner wird nicht mehr gefordert. Ebenso ist der unbestimmte Rechtsbegriff „angemessene Zahl“ nicht mehr im Gesetz genannt. Ordner werden zudem nicht länger als eine Art „Hilfspolizisten“ angesehen. Sie sind als Teilnehmer der Versammlung Angehörige des Selbstverwaltungsorgans Versammlungsleitung. Dadurch wird man der neueren Entwicklung gerecht, dass sich zunehmend junge, nicht volljährige Menschen gesellschaftspolitisch engagieren, u. a. durch die Veranstaltung von bzw. die Teilnahme an Versammlungen. Die einzelnen Ordner müssen auch weiterhin zur Erfüllung ihrer Aufgaben körperlich geeignet sein und über eine gewisse geistige Reife verfügen. Die erforderliche Autorität und Durchsetzungskraft sind in der Regel ab dem festgelegten Mindestalter von 14 Jahren zu erwarten. Die Ordner müssen aber auch insgesamt geeignet sein. Dies wäre sicherlich zu verneinen, wenn ausschließlich Minderjährige als Ordner eingesetzt würden oder die Personen zu eruptiver Gewaltanwendung neigen.

Die Kennzeichnungspflicht der Ordner bei Versammlungen unter freiem Himmel durch weiße Armbinden wird um die Möglichkeit des Tragens entsprechender weißer Westen ergänzt. Da Ordner nicht immer auch Teilnehmer der Versammlung sind, gelten die versammlungsrechtlichen Pflichten für Teilnehmer auch für Ordner. Das Gebot der Waffenlosigkeit bedarf hier keiner ausdrücklichen Formulierung, da es sich bereits aus § 8 VersG NRW ergibt (DS 17/12423, S. 55–57, zu § 6 II; AK VR, S. 42, Nr. 2).

Zu Abs. 3

Der dritte Absatz führt explizit an, dass den zur Aufrechterhaltung der Ordnung in der Versammlung durch die Leitung und die Ordner getroffenen Anordnungen Folge zu leisten ist (DS 17/12423, S. 57, zu § 6 III; AK VR, S. 42, Nr. 3).

Anweisung = Im Rahmen der Organisationsgewalt des Leiters durch ihn oder seine Ordner ergehende verpflichtende Weisung an die Versammlungsteilnehmer (Michael Breitbach [Breitbach/Deiseroth], S. 952, Rd Nr. 23 f.).

Zu Abs. 4

Im vierten Absatz wird der Versammlungsleitung eine Ausschlussbefugnis erteilt, um deren Ordnungs- und Leitungsfunktionen zu stärken. Ist dies bei Versammlungen unter freiem Himmel bislang nur durch die Polizei zulässig, erhält nunmehr auch die Versammlungsleitung ein solches Recht. Allerdings bedarf es der vorherigen und ausdrücklichen Zustimmung durch die Polizei. Vor dem Hintergrund des denkbaren Konflikt- und Eskalationspotenzials eines Ausschlusses kann nur die Polizei, anders als die Versammlungsleitung, eine diesbezügliche sachgerechte Gefahrenanalyse vornehmen. Die neue Formulierung war in der sog. Verbändeanhörung zum Gesetz besonders strittig. Ein Ausschluss der Presse käme sowieso nur dann infrage, wenn diese die Versammlung erheblich störte. Daneben lässt die Ausschlussmöglichkeit der Leitung die Zuständigkeiten und Befugnisse der Polizei unter allen denkbaren Gesichtspunkten vollkommen unberührt (DS 17/12423, S. 57 f., zu § 6 IV; AK VR, S. 42 f., Nr. 4).

erheblich stören = Die Ordnung ist „[...] dann ***gröblich*** gestört, wenn das Störverhalten den ordnungsgemäßen Ablauf der Versammlung infrage stellt." (Dietel, S. 200, Rd Nr. 10).

> ***gröblich*** = „Der Begriff markiert die gleiche Eingriffsschwelle wie die erhebliche." (a. a. O.: S. 203, Rd Nr. 20).

Die Leitung kann einen Teilnehmer aber nur dann ausschließen, wenn durch eine besonders schwere Störung die Ordnung der Versammlung infrage gestellt ist. Diese Schwere kann nur in Bezug auf die Eigenart der jeweiligen Versammlung festgestellt werden. Sie ist immer dann zu bejahen, wenn als Alternative zum Ausschluss nur eine Unterbrechung oder Auflösung der Versammlung infrage käme. Der Ausschluss liegt als sog. Kann-Vorschrift im Ermessen der Leitung.

entfernen = Ist das räumliche Absetzen von der Versammlung, sodass eine anteilnehmende Beziehung zur Versammlung nicht mehr besteht (mit Literaturhinweisen Michael Breitbach [Breitbach/Deiseroth], S. 942, Rd Nr. 19).

Wer vom Leiter ausgeschlossen ist, hat sich unverzüglich zu entfernen. Mit dem Ausschluss erlischt das Teilnahmerecht. Der Störer hat die Versammlung sofort zu verlassen. Verlässt er beispielsweise den Versammlungsraum in einem Gebäude, hält sich aber weiterhin in anderen Gebäudeteilen auf, kommt ggf. das Hausrecht des Veranstalters bzw. Eigentümers zum Tragen. Sofern die Leitung sich nicht durchsetzen kann, sodass die ausgeschlossene Person sich nicht entfernt, befindet die Polizei über die zwangsweise Durchsetzung sowie versammlungsrechtliche Ahndung (Till Oliver Rothfuß [Breitbach/Deiseroth], S. 587–589, Buchst. c–d).

§ 7 VersG NRW: Störungsverbot (§§ 2 II, 21, 22 VersG)

(1) Es ist verboten, eine Versammlung mit dem Ziel zu **stören**, diese zu **behindern** oder zu **vereiteln**.

(2) Nach Absatz 1 ist insbesondere verboten,

1. in der Absicht, nicht verbotene Versammlungen zu behindern oder zu vereiteln, Gewalttätigkeiten vorzunehmen oder anzudrohen oder Störungen zu verursachen,
2. in der Absicht, nicht verbotene Versammlungen zu **verhindern** oder ihre Durchführung zu vereiteln oder **wesentlich** zu **erschweren**, Handlungen vorzunehmen, die auf die **Förderung** von in Nummer 1 beschriebenen Handlungen gegen bevorstehende Versammlungen gerichtet sind oder
3. bei einer öffentlichen Versammlung der Versammlungsleitung oder den Ordnerinnen und Ordnern in der rechtmäßigen Erfüllung ihrer Ordnungsaufgaben mit **Gewalt** oder **Drohung mit Gewalt Widerstand** zu leisten oder sie während der Ausübung ihrer Ordnungsaufgaben **tätlich anzugreifen**.

(3) Nicht auf Behinderung zielende **kommunikative Gegenproteste** unterfallen nicht dem Störungsverbot.

Quelle: DS 17/12423, S. 10; DS 17/15821, S. 2, Nr. 5.

Das Störungsverbot in Paragraf 7 VersG NRW setzt die verfassungsrechtliche Schutzpflicht des Staates aus Art. 8 GG zugunsten von Versammlungen um. Schutzgut ist dabei nicht die öffentliche Sicherheit oder Ordnung im Allgemeinen, sondern die Ordnung der Versammlung im Besonderen. Es zielt auf diejenigen Personen, die die Versammlung aufsuchen, um sie rechtswidrig zu stören. Diese Personen können sich dabei nicht auf ihr Grundrecht aus Art. 8 GG berufen. Rechtswidrig ist jedoch nicht jedes Verhalten, das die reibungslose Durchführung der Veranstaltung erschwert. Störungsverbote gehen nicht so weit, dass jegliche kommunikative Auseinandersetzung verboten wäre. Klar dürfte auch sein, dass sie nicht für verbotene Versammlungen gelten (DS 17/12423, S. 58, zu § 7; AK VR, S. 43–44, § 7 Nr. I–II).

Zu Abs. 1

Der erste Absatz enthält ein allgemein formuliertes Störungsverbot. Eine diesbezügliche Definition findet sich in der Gesetzesdrucksache nicht. Nach allgemeinem Verständnis liegt jedoch folgende Definition nahe:

Störung = Eine „Störung ist jede erhebliche Beeinträchtigung des ordnungsgemäßen Ablaufs einer Versammlung." (Dietel, S. 138, Rd Nr. 15). Ein Verstoß setzt eine solche objektive Störung mit der subjektiven Zielrichtung der ***Behinderung*** oder ***Vereitelung*** der Versammlung voraus (DS 17/12423, S. 58 f., zu § 7 I).

Eine Definition der Begriffe „Behinderung“ und „Vereitelung“ sucht man im Gesetzesentwurf vergebens, allerdings findet man sie in den Ausführungen im Musterentwurf des AK VR, auf den sich der Gesetzgeber bei der Gesetzesformulierung ausdrücklich bezogen hat.

> ***Vereitelung*** = Eine solche liegt vor, wenn die Versammlung gar nicht erst beginnen kann [Verhinderung, d. Verf.], wenn sie abgebrochen werden muss [Sprengung, d. Verf.] oder sie in der beabsichtigten Form nicht mehr erfolgen kann [Umfunktionierung, d. Verf.]. Letzteres ist insbesondere dann der Fall, wenn der Versammlungszweck in vergleichbarer Weise wie bei einem Abbruch nicht weiterverfolgt werden kann (AK VR, S. 44 Nr. III).
>
> ***Behinderung*** = Sie ist danach eine Störung, die die Beeinträchtigung des ordnungsgemäßen Ablaufs der Versammlung zur Folge hat, ohne diese zu vereiteln.

Erfasst wird jede in Behinderungs- oder Vereitelungsabsicht vorgenommene Störung, also nicht nur „erhebliche“ Störungen oder die „vollständige“ Verhinderung der Versammlung. Eine solche Beschränkung würde indizieren, dass eine „unerhebliche“ Störung rechtens wäre, was gerade nicht der Fall sein soll (DS 17/12423, S. 58 f., zu § 7 I; AK VR, S. 44, Nr. III).

Zu Abs. 2

Im zweiten Absatz sind drei „typische“ Fallgruppen beispielhaft aufgeführt. Es kann also auch andere Fälle geben, da die Aufzählung nicht abschließend ist (DS 17/12423, S. 59 f., zu § 7 II).

Die Ziffer 1 stellt klar, dass Gewalttätigkeiten vor, während und nach einer Versammlung rechtswidrig sind. Dies gilt ebenso für die Androhung solcher Handlungen.

Die Ziffer 2 erfasst die sog. „Probeblockaden“ bzw. „Blockadetrainings“. Diese dienen im Vorfeld von Versammlungen für „Einübungen“, um die später stattfindende Versammlung zu stören, zu behindern oder zu vereiteln. Dies gilt auch für die Fälle, in denen noch kein konkretes Versammlungsgeschehen absehbar ist. Es genügt die subjektive Verhinderungsabsicht und eine objektive Handlung, die die Durchführung der Versammlung behindern könnte (DS 17/12423, S. 59, zu Zif. 2).

Der Begriff „Förderung“ wird weder in der Gesetzesdrucksache noch im Musterentwurf des AK VR näher erläutert. Wer die o. a. „Einübungen“ in Bezug auf durchgeführte oder angedrohte Gewalttätigkeiten oder Störungen bei bevorstehenden Versammlungen gem. Zif. 1 verantwortet, in der Absicht, die Versammlung zu verhindern, ihre Durchführung zu vereiteln oder wesentlich zu erschweren, erfüllt die zweite Alternative. Er muss also nicht selbst bei der Versammlung als Störer/Gewalttäter in Erscheinung treten. Er macht das spätere Störverhalten durch seine Handlungen im Vorfeld aber erst in dieser Form möglich. Daraus lässt sich folgende Definition herleiten:

Förderung = Wer Gewalttätigkeiten oder deren Androhung oder Störungen im Vorfeld von Versammlungen einübt, in der Absicht, die Versammlung durch das eingeübte Verhalten zu ***verhindern*** oder ihre Durchführung zu vereiteln oder wesentlich zu erschweren.

Das „Verhindern" kann aus der o. a. Definition für „Vereitelung" abgeleitet werden:

> ***verhindern*** = Es liegt vor, wenn die Versammlung gar nicht erst beginnen kann (AK VR, S. 44 Nr. III).

Auch die Alternative, die Durchführung der Versammlung wesentlich zu erschweren, wird in der Gesetzesvorlage und dem Musterentwurf nicht näher erläutert. Unter Bezugnahme auf die o. a. Definition von Störung als jede Beeinträchtigung des ordnungsgemäßen Ablaufs einer Versammlung kann man sicherlich feststellen, dass es sich bei einer „wesentlichen Erschwerung" um mehr als eine bloße Beeinträchtigung handeln muss.

wesentlich erschweren = Es handelt sich um eine Störung, die eine erhebliche Beeinträchtigung des ordnungsgemäßen Ablaufs der Versammlung zur Folge hat, ohne diese ganz zu vereiteln.

In der Ziffer 3 wird der bisher im § 22 VersG, nunmehr § 27 VersG NRW, unter Strafe gestellte Angriff auf die Versammlungsleitung oder die Ordner als Handlungsalternative bei öffentlichen Versammlungen erfasst. Ein solcher stellt zwangsläufig eine Störung der Versammlung dar und gehört sicherlich auch zu typischem Störverhalten (DS 17/12423, S. 59 f., zu Zif. 3).

Widerstand leisten = „[...] Alle gegen Leiter und/oder Ordner gerichtete Aktivitäten, die geeignet sind, die rechtmäßige Ausübung der Ordnungsfunktion zu erschweren." (Dietel u. a., S. 390, Rd Nr. 7).

Gewalt = Ist die physische oder psychische Zwangsanwendung (Alexy u. a., S. 185 f., Nötigung).

Drohung = Ist das rechtswidrige In-Aussicht-Stellen der Gewaltanwendung (Alexy u. a., S. 85, Drohung).

Bei der ersten Alternative wird also gegen die Leitung bzw. den/die Ordner während der Wahrnehmung ihrer Ordnungspflichten Gewalt angewandt bzw. mit dieser gedroht, um die Ordnungsaufgabe zu verhindern, zu unterbinden oder zu erschweren.

tätlich angreifen = Ist jede absichtliche „[...], unmittelbar auf den Körper zielende Einwirkung, ohne dass es auf den beabsichtigten Erfolg ankommt." (Dietel u. a., S. 390 Rd Nr. 8).

Hierunter fällt jeder Angriff während der gesamten Dauer der Veranstaltung. Einer konkret vorgenommenen Ordnungsmaßnahme bedarf es dabei jedoch nicht.

Zu Abs. 3

Nach Anhörung der Sachverständigen wird der dritte Absatz in die Vorschrift eingefügt.

kommunikative Gegenproteste = Ist die nicht auf Störung der Versammlung zielende Kundgabe einer gegenteiligen Meinung (DS 17/15821, S. 8, zu Nr. 5; S. 6, Buchst. a).

Das Versammlungsrecht soll einerseits auch vor Störungen schützen, andererseits aber nicht vor legitimen, durch Art. 5 GG (Meinungsfreiheit) und 8 GG (Versammlungsfreiheit) erlaubte Gegenproteste (a. a. O.).

§ 8 VersG NRW: Waffen- und Gewalttätigkeitsverbot (§§ 2 III, 23 VersG)

(1) Es ist verboten,

1. **Waffen** im Sinne von § 1 Absatz 2 des Waffengesetzes vom 11. Oktober 2002 (BGBl. I S. 3970, 4592; 2003 I S. 1957) in der jeweils geltenden Fassung oder
2. **sonstige Gegenstände**, die ihrem Wesen nach dazu bestimmt oder, ohne dazu bestimmt zu sein, dazu geeignet sind und dazu genutzt werden sollen, Verletzungen von Personen oder erhebliche Schäden an Sachen herbeizuführen,

bei Versammlungen oder auf dem Weg zu oder von Versammlungen **mit sich** zu **führen**, zu Versammlungen **hinzuschaffen** oder sie zur Verwendung bei Versammlungen **bereitzuhalten** oder zu **verteilen**. Auf Polizeivollzugsbeamtinnen und Polizeivollzugsbeamte im Dienst findet Satz 1 keine Anwendung.

(2) Es ist verboten, in einer Versammlung oder aus einer Versammlung heraus durch Gewalttätigkeiten auf Personen oder Sachen einzuwirken.

(3) Es ist verboten, **öffentlich** an einer öffentlichen Versammlung **aufzufordern**, deren Durchführung durch ein vollziehbares Verbot untersagt oder deren vollziehbare Auflösung angeordnet worden ist.

Quelle: DS 17/12423, S. 10–11; DS 17/15821, S. 2, Nr. 8; DS 17/15897, S. 1.

Das Waffen- und Gewalttätigkeitsverbot im § 8 VersG NRW stellt klar, dass sich Waffenträger grundsätzlich nicht auf den Schutzbereich der Versammlungsfreiheit im Art. 8 GG berufen können. Das Tragen einer Waffe ist in oder im Umfeld von Versammlungen verboten. Dies gilt auch für Personen, die selbst nicht Teilnehmer von Versammlungen sind. Aufgrund ihrer potenziellen Gefährlichkeit wird das Mitsichführen bei oder auf dem Weg zu oder von Versammlungen, das Hinschaffen zu Versammlungen sowie das Bereithalten oder Verteilen zur Verwendung bei Versammlungen verboten (AK VR, S. 45, Nr. I + II).

Zu Abs. 1

Im ersten Absatz wird das Verbot auf Waffen [im technischen Sinne, d. Verf.] und sonstige Gegenstände [Waffen im untechnischen Sinne, d. Verf.] bezogen. Für Polizeibeamte, die sich im Dienst befinden, gilt das Waffenverbot nicht. Die ursprünglich als Satz 2 angeführte Möglichkeit, dass die zuständige Behörde auf Antrag eine Befreiung vom Verbot nach Satz 1 erteilen kann, wenn dies zum Schutz einer an der Versammlung teilnehmenden Person erforderlich ist, wird nach der Anhörung der Sachverständigen ersatzlos gestrichen. Eine solche Ausnahmemöglichkeit im Einzelfall erscheint dem Gesetzgeber nicht mehr notwendig (DS 17/15821, S. 8, zu Nr. 6).

Für beide Alternativen besteht ein umfassendes Verbot von unterschiedlichen Handlungen, um die Waffen für die Versammlungsteilnehmer zugänglich zu machen:

mit sich führen = Es liegt vor, wenn jemand die tatsächliche Gewalt über eine Waffe während der Versammlung oder auf dem Weg dorthin bzw. von dort fort ausübt, sodass diese in kürzester Zeit verfügbar ist und eingesetzt werden kann. Es schließt das Führen i. S. d. Waffengesetzes ein (Dietel u. a., S. 143, Rd Nr. 44).

hinschaffen = Es umfasst den Transport von Waffen zum Versammlungsort. Ist die Person zugleich Teilnehmer der Versammlung, liegt ein Mitsichführen vor (Dietel u. a., S. 143 f., Rd Nr. 45).

zur Verwendung bereithalten = Es umfasst das Lagern, Verwahren oder Verbergen von Waffen mit der Maßgabe der Verfügbarkeit zur Anwendung in öffentlichen Versammlungen. Es kann zeitlich deutlich im Vorfeld der eigentlichen Versammlung liegen. Es genügt, wenn der Täter um die Verwendung weiß bzw. damit rechnet. Er muss diese weder wollen noch billigen (Dietel u. a., S. 143 f., Rd Nr. 45).

verteilen = Dies ist die Übergabe herangeschaffter oder bereitgehaltener Waffen. Der Täter muss dafür nicht selbst an der Versammlung teilnehmen oder am Heranschaffen oder Bereithalten beteiligt sein. Er muss jedoch um die Verwendung der Waffe bei einer Versammlung wissen bzw. damit rechnen. Die Verwendung selbst muss er weder wollen noch billigen (Dietel u. a., S. 143 f., Rd Nr. 45).

Die Zif. 1 umfasst also erstens Waffen im sog. technischen Sinne. Dies sind solche, die im § 1 II WaffG definiert und im Waffengesetz aufgeführt werden, z. B. Schusswaffen, Hieb-, Stoß- und Stichwaffen, Explosivmittel oder Reizstoffe. Waffen in diesem technischen Sinne sind zudem nur solche Gegenstände, die gegen Menschen eingesetzt werden können. Sofern sie mitgeführt (vgl. oben Definition von „mit sich führen") werden, ist die Tatbestandsalternative erfüllt. Es bedarf keiner Prüfung hinsichtlich ihrer Eignung zur Verletzung von Personen. Dies ist der ihnen innewohnende Bestimmungszweck. Daher sind sie im Waffengesetz abschließend aufgeführt.

Waffen (im technischen Sinne) = Dies sind „[...]

1. Schusswaffen oder ihnen gleichgestellte Gegenstände und

2. tragbare Gegenstände,

a) die ihrem Wesen nach dazu bestimmt sind, die Angriffs- oder Abwehrfähigkeit von Menschen zu beseitigen oder herabzusetzen, insbesondere Hieb- und Stoßwaffen;

b) die, ohne dazu bestimmt zu sein, insbesondere wegen ihrer Beschaffenheit, Handhabung oder Wirkungsweise geeignet sind, die Angriffs- oder Abwehrfähigkeit von Menschen zu beseitigen oder herabzusetzen, und die in diesem Gesetz genannt sind." (WaffG, § 1 II).

Die zweite Alternative erweitert den Schutzbereich auch auf solche Gegenstände, die gegen Menschen eingesetzt werden können oder lediglich Sachschäden verursachen können. Sie werden auch als Waffen im untechnischen Sinne bezeichnet. Damit die Erfassung von Gegenständen dadurch nicht ausufert, wird ihre Möglichkeit zudem auf die potenzielle Geeignetheit für erhebliche Sachschäden eingeschränkt (DS 17/12423, S. 60, zu § 8).

sonstige Gegenstände (Waffen im untechnischen Sinne) = Dies sind solche Gegenstände, „[...] die ihrer Art nach ebenso wie Waffen zur Verletzung von Personen oder zur Herbeiführung erheblicher Schäden an Sachen geeignet und nach der Vorstellung ihres Gewahrsamsinhabers dazu bestimmt sind […].“ (AK VR, S 45 f., Nr. 1).

Dazu zählen beispielsweise Baseballschläger, Kampfhunde oder Bolzenschneider. Nicht darunter fallen z. B. Farbbeutel, rohe Eier oder faules Obst (a. a. O.).

Zu Abs. 2

Im zweiten Absatz wird das Verbot, in einer Versammlung oder aus ihr heraus durch Gewalttätigkeiten auf Personen oder Sachen einzuwirken, erlassen. Der Begriff „Gewalttätigkeiten“ wurde bereits in den Ausführungen zum § 1 (vgl. S. 39) erörtert. Anders als dort ist hier jedoch auch die Gewalt aus der Versammlung heraus gegen Unbeteiligte erfasst.

Zu Abs. 3

§ 8 Absatz 3 regelt, wie bisher § 23 VersG, einen besonderen Fall eines Verstoßes gegen das Versammlungsgesetz, indem er das öffentliche Auffordern zur Teilnahme an einer untersagten bzw. vollziehbar aufgelösten öffentlichen Versammlung verbietet (DS 17/12423, S. 60, zu § 8 III).

auffordern = „Es fordert auf, wer eine bestimmte, über eine bloße Befürwortung hinausgehende Erklärung abgibt, dass andere etwas tun oder unterlassen sollen.“ (Dietel u. a., S. 392, Rd Nr. 2).

öffentlich = Die Aufforderung ist öffentlich „[…] wenn sie von unbestimmt vielen, nicht durch persönliche Beziehungen verbundene Personen wahrgenommen werden kann, wobei diese bei direkt verbaler Aufforderung anwesend sein müssen.“ (a. a. O., Rd Nr. 3).

§ 9 VersG NRW: Anwendbarkeit des Polizeirechts (--- VersG)

(1) Soweit dieses Gesetz die Abwehr von Gefahren gegenüber einzelnen Teilnehmerinnen und Teilnehmern nicht regelt, sind Maßnahmen gegen sie nach dem Polizeigesetz des Landes Nordrhein-Westfalen in der Fassung der Bekanntmachung vom 25. Juli 2003 (GV. NRW. S. 441) in der jeweils geltenden Fassung zulässig, wenn von ihnen nach den zum Zeitpunkt der Maßnahme **erkennbaren Umständen** vor oder bei der Durchführung der Versammlung oder im Anschluss an sie eine **unmittelbare Gefahr** für die **öffentliche Sicherheit** ausgeht.
Bereits vor Anzeige oder Durchführung der Versammlung erlassene individualbezogene polizeiliche Maßnahmen, insbesondere aufenthaltsbestimmende Anordnungen, bleiben unberührt.

(2) Für Versammlungen in geschlossenen Räumen gilt Absatz 1 für den Fall, dass von den Teilnehmerinnen oder Teilnehmern eine Gefahr im Sinne von § 23 Absatz 1 ausgeht.

(3) Maßnahmen vor Beginn der Versammlung, welche die Teilnahme an der Versammlung unterbinden sollen, setzen eine Teilnahmeuntersagung nach § 14 oder § 24 voraus.

(4) Sobald die Versammlung **beendet** ist, kommt dieses Gesetz nicht mehr zur Anwendung. Entsprechendes gilt gegenüber Personen, die bereits vor Beendigung der Versammlung den räumlichen Bereich der Versammlung verlassen haben.

Quelle: DS 17/12423, S. 11–12; DS 17/15821, S. 2, Nr. 7

Das derzeit geltende Versammlungsgesetz enthält keine klare Abgrenzung zwischen Versammlungsrecht und Polizeirecht. Die sog. „Polizeifestigkeit" des Versammlungsrechts bedeutet jedoch nicht, dass polizeiliche Maßnahmen aufgrund anderer Vorschriften immer unzulässig wären. So können auch weiterhin nicht versammlungsspezifische Gefahren, beispielsweise nach der Feuer- oder Bauordnung, abgewehrt oder Maßnahmen nach der Strafprozessordnung vorgenommen werden. Die Vorschriften des VersG NRW entfalten in Bezug auf das organisatorische Vorfeld einer Versammlung und die Steuerung der Gesamtversammlung eine allgemeine Sperrwirkung für das Polizeirecht. Maßnahmen können dann nur nach den §§ 10 ff. sowie 23 VersG NRW getroffen werden (DS 17/12423, S. 61, zu § 9; AK VR, S. 47, zu § 9, Nr. 1–2).

Keine Sperrwirkung besteht im Hinblick auf individuelle Vorfeldaktivitäten der Teilnehmer. Sie sind nur zum Teil im VersG geregelt – z. B. § 2 Abs. 3, § 17a. Darüber hinaus sind nach der Rechtsprechung des Bundesverwaltungsgerichtes weitere Maßnahmen, wie z. B. Meldeauflagen, nach dem allgemeinen Polizeirecht zulässig (AK VR, S. 49., zu § 9, Nr. 1).

Auch gilt keine Sperrwirkung für Maßnahmen gegen einzelne Versammlungsteilnehmer nach dem Beginn der Versammlung. Das derzeitige Versammlungsrecht sieht hier nur den Ausschluss von der Versammlung nach § 17a Abs. 4 Satz 2, § 18 Abs. 3 und § 19 Abs. 4 vor. Im Übrigen wird meist der Gedanke der Minusmaßnahmen herangezogen. Auch hier soll die Neuregelung für klare Abgrenzungen sorgen (AK VR, S. 49 f., zu § 9, Nr. 2).

Weiterhin besteht keine Sperrwirkung für Maßnahmen gegen Dritte, also örtlich Anwesende, die keine Versammlungsteilnehmer sind. Soweit von ihnen eine Gefahr für die öffentliche Sicherheit oder Ordnung ausgeht, kann gegen sie nach dem Polizeigesetz oder nach anderen Rechtsvorschriften vorgegangen werden. Dies gilt auch für Teilnehmer verbotener bzw. aufgelöster Versammlungen bzw. für von der Versammlung ausgeschlossene Teilnehmer. Regelungen im VersG NRW, die auch für Nichtteilnehmer einer Versammlung gelten, treten ggf. neben die allgemeinen Rechtsgrundlagen (AK VR, S. 48 f., zu § 9, Nr. 8).

Zu Abs. 1

Der erste Absatz stellt die Sperrwirkung des Versammlungsgesetzes gegenüber anderen Gesetzen klar. Die Formulierung im Satz 1 des ersten Absatzes gibt die aktuelle verwaltungsgerichtliche Rechtsprechung zur Abgrenzung zwischen Versammlungs- und Polizeirecht wieder. Die auf einzelne Teilnehmer bezogenen Befugnisse des VersG NRW, beispielsweise nach § 15 oder § 16 I, entfalten eine diesbezügliche „spezielle" Sperrwirkung gegenüber dem allgemeinen Polizeirecht. Soweit das Gesetz jedoch keine besonderen Regelungen vorsieht, sind Maßnahmen nach dem allgemeinen Polizeirecht gegen Teilnehmer zulässig. Voraussetzung ist das Vorliegen einer „unmittelbaren Gefahr", die von den Teilnehmern vor, bei oder nach der Versammlung ausgeht. Neben dem qualifizierten Gefahrengrad müssen auch alle sonstigen Anforderungen der polizeirechtlichen Befugnisnorm erfüllt sein. Ein besonderes Gewicht kommt dabei der Verhältnismäßigkeit der Maßnahme zu. Da Eingriffe gegen Teilnehmer vor, während und nach der Versammlung möglich sind, ist der Eingriff auch vor dem Hintergrund der Versammlungsfreiheit aus Art. 8 GG abzuwägen (DS 17/12423, S. 61, zu § 9 I Satz 1; AK VR, S. 47 f., Nr. 3; AK VR, S. 50., Nr. 1–3).

Das im ersten Gesetzesentwurf noch aufgeführte Schutzgut der öffentlichen Ordnung wird nach der Sachverständigenanhörung ersatzlos gestrichen (DS 17/15821, S. 2, zu Nr. 7).

erkennbare Umstände = Dies sind Tatsachen, Sachverhalte und sonstige Einzelheiten, also konkrete Erkenntnisse und nicht nur Vermutungen oder Erfahrungen (mit Hinweis auf BVerfG Brenneisen u. a., S. 375). Es gilt die sog. „Je-desto-Formel": Je größer und folgenschwerer der drohende Schaden, desto geringer sind die Anforderungen an die Wahrscheinlichkeit seines Eintritts (a. a. O. mit Hinweis auf Dürig-Friedl).

unmittelbare Gefahr = Der unbestimmte Rechtsbegriff der unmittelbaren Gefahr setzt erstens das Vorliegen einer (***konkreten***) ***Gefahr*** und zweitens deren ***Unmittelbarkeit*** voraus.[28]

> ***(konkrete) Gefahr*** = Eine Sachlage, die im Einzelfall bei ungehindertem Geschehensablauf mit hinreichender Wahrscheinlichkeit zu einem Schaden – im Sinne einer nicht nur unerheblichen Beeinträchtigung eines polizeilichen Schutzgutes – führen wird (vgl. als Bsp. Knape/Schönrock, S. 91, Rd Nr. 33).[29]
>
> ***unmittelbar*** = Wenn eine hohe Wahrscheinlichkeit eines Schadenseintritts vorliegt (vgl. auch mit Bezug auf BVerfG: DS 17/12423, S. 65, zu § 13).

öffentliche Sicherheit = Sie „[...] umfasst den Schutz vor Schäden, die entweder den Bestand des Staates oder seiner Einrichtungen oder das Leben, die Gesundheit, Freiheit, Ehre oder das Vermögen des Einzelnen bedrohen [...]." (Knape/Schönrock, S. 79, Rd Nr. 15).

Im Absatz 1 Satz 2 wird bestimmt, dass individualbezogene polizeiliche Maßnahmen, die vor Anzeige bzw. Durchführung der Versammlung erlassen wurden, unberührt bleiben. Sie haben also, vereinfacht ausgedrückt, weiterhin Bestand. Wird beispielsweise ein sog. Bereichsvertretungsverbot gem. § 34 II PolG NRW für den Bereich eines Kraftwerkes erlassen, kann der Betroffene dies nicht umgehen, indem er für diesen Bereich eine Versammlung anmeldet oder an einer solchen teilnehmen möchte. Das Verbot wäre dann in der rechtlichen Form der versammlungsrechtlichen Beschränkung gem. Absatz 3 hinsichtlich des Ortes bzw. hinsichtlich der Teilnahme an diesem Ort abzubilden (DS 17/12423, S. 61 f., zu Abs. I).

Zu Abs. 2

Im zweiten Absatz wird die Regelung des ersten Absatzes auf Versammlungen in geschlossenen Räumen erweitert, allerdings nur soweit eine der im

---

28 Das BverfG fordert eine Sachlage, die bei ungehindertem Geschehensablauf mit hoher Wahrscheinlichkeit zu einem Schaden für entgegenstehende, zumindest gleichrangige rechtlich geschützte Interessen führt. Die Abwägung erfolgt im Rahmen einer sog. „Gefahrenprognose". Die diesbezüglich gebräuchlichen Definitionen ähneln derjenigen für eine „gegenwärtigen Gefahr" im Polizeirecht. So z. B. Brenneisen u. a.: „Der Eintritt eines Schadens für hochrangige Schutzgüter muss nahezu mit Gewissheit zu erwarten sein" (S. 341, Nr. 3.2). Oder auch Knape/Schönrock: „[...] wenn die Einwirkung des schädigenden Ereignisses bereits begonnen hat oder wenn diese Einwirkung unmittelbar oder in allernächster Zeit mit einer an Sicherheit grenzenden Wahrscheinlichkeit bevorsteht [...]" (S. 282, Rd Nr. 44).

29 Dagegen ist eine abstrakte Gefahr eine Sachlage, bei der allgemein nach der Lebenserfahrung mit einem Schaden gerechnet werden kann, ohne dass die Gefahr im Einzelfall auch tatsächlich eintreten muss (vgl. als Bsp. Knape/Schönrock, S. 91, Rd Nr. 33; Dietel u. a., S. 217, Rd Nr. 27).

§ 23 I VersG NRW (vgl. unten, S. 115) genannten Gefahren vorliegt. Die Eingriffsschwelle wird dadurch den verfassungsrechtlichen Anforderungen für diese Versammlungsart angepasst (DS 17/12423, S. 62, zu Abs. II; AK VR, S. 48 f., zu Nr. 8).

Zu Abs. 3

Der Absatz 3 stellt klar, dass Maßnahmen nach anderen Gesetzen, die auf eine Verhinderung der Teilnahme an einer Versammlung gerichtet sind, einer vorherigen förmlichen Untersagung der Teilnahme nach dem VersG NRW bedürfen. Dies sind beispielsweise Meldeauflagen, Ingewahrsamnahme oder aufenthaltsrechtliche Beschränkungen. Dies gilt ebenso für entsprechende Maßnahmen, die auf Grundlage eines anderen Gesetzes, z. B. des Aufenthaltsgesetzes, erlassen werden (DS 17/12423, S. 62, zu § 9 III).

Zu Abs. 4

Im vierten Absatz wird deklaratorisch aufgeführt, dass das VersG NRW nach Beendigung der Versammlung nicht mehr zur Anwendung kommt und auch nicht mehr bei ausgeschlossenen Teilnehmern und bei solchen, die sich von der Versammlung räumlich entfernt haben.

beendet = Eine Versammlung ist beendet, wenn sie geschlossen oder aufgelöst ist (DS 17/12423, S. 62, zu § 9 IV).

2.3 Teil 2: Versammlungen unter freiem Himmel

Der zweite Teil umfasst in den §§ 10 bis 21 die rechtlichen Vorgaben, die grundsätzlich für alle Versammlungen und ggf. Veranstaltungen unter freiem Himmel gelten. Einen ersten Überblick bietet Schaubild 5.

Schaubild 5: VersG NRW Teil 2 „Versammlungen unter freiem Himmel“ nach Paragrafen, Regelungsbereich und Art der Versammlung

§	Regelungsbereich	V	Va	ö	nö	fH	gR
Teil 2	Versammlungen unter freiem Himmel[30]						
10	Anzeigepflicht Veranstalter						
10 I	48-Stunden-Pflicht	x		x		x	
10 II	Inhalt der Anzeige	x		x		x	
10 III	Eilversammlung	x		x		x	
10 IV	Spontanversammlung	x		x		x	
11	Erlaubnisfreiheit						
	bei Benutzung öffentlicher Verkehrsfläche	x		x		x	
12	Behördliche Ablehnungsrechte						
12 I	Leiter	x		x		x	
12 II	Ordnerüberprüfung und Ablehnung	x		x		x	
13	Beschränkung, Verbot, Auflösung						
13 I	Beschränkung	x		x	x	x	
13 II	Verbot, Auflösung, Entfernungspflicht Teilnehmer, Ersatzversammlung	x		x	x	x	
13 III	Vorgehen gegen Nicht-Teilnehmer als Störer und bei polizeilichem Notstand gegen Versammlung	x		x	x	x	
13 IV	Bekanntgabe Verfügung oder Verbot	x		x	x	x	
14	Gefährderansprache, Untersagung Teilnahme und Anwesenheit, Ausschluss						
14 I	Gefährderansprache	x		x	x	x	
14 II	Teilnahme, Anwesenheitsuntersagung, Meldeauflage	x		x	x	x	
14 III	Ausschluss mit Entfernungspflicht	x		x	x	x	

30 Die Vorschriften im zweiten Teil gelten grundsätzlich nur für Versammlungen und ggf. Veranstaltungen unter freiem Himmel, es sei denn, dass die nachfolgenden Paragrafen davon abweichende Regelungen enthalten.

§	Regelungsbereich	V	Va	ö	nö	fH	gR
15	Kontrollstellen						
	Einrichten, um Straftaten nach § 27 IV, V, VII zu verhindern	x		x		x	
16	Aufnahmen/Aufzeichnungen Bild/Ton						
16 I	Recht der Versammlungsbehörde, anzufertigen	x		x		x	
16 II	Recht der Versammlungsbehörde, Übersichtsaufnahmen anzufertigen/aufzuzeichnen	x		x		x	
16 III	offene oder verdeckte Aufnahme	x		x		x	
16 IV	Unterrichtungspflicht Betroffener, Drohnen	x		x		x	
16 V	erweiterte Verwendung	x		x		x	
16 VI	Vernichtungsregeln	x		x		x	
16 VII	Regelungen für Aus-/Fortbildungsfassung	x		x		x	
16 VIII	Dokumentationspflichten	x		x		x	
17	Vermummungs-/Schutzausrüstungsverbot						
17 I	Verbot Vermummung/Schutzausrüstung	x	x	x		x	
17 II	Verbotsanordnung Versammlungsbehörde	x	x	x		x	
18	Gewalt- und Einschüchterungsverbot						
18 I	Verbot	x	x	x		x	
18 II	Verbotsanordnung Versammlungsbehörde	x	x	x		x	
19	Symbolträchtige Orte und Tage						
19 I	Beschränkung, Verbot, Auflösung	x		x	x	x	
19 II	Verbot oder Auflösung	x		x	x	x	

§	Regelungsbereich	V	Va	ö	nö	fH	gR
20	Schutz des Landtages						
20 I	Verbot im Bannkreis	x		x		x	
20 II	Ausnahmen vom Verbot	x		x		x	
20 III	Bestimmung Bannkreis	x		x		x	
21	Öffentliche Verkehrsfläche in Privateigentum						
	Zulassung auch ohne Zustimmung Eigentümer möglich	x		x		x	

Abkürzungen: V = Versammlung, Va = Veranstaltung, ö = öffentlich, nö = nichtöffentlich, fH = unter freiem Himmel, gR = in geschlossenen Räumen.

§ 10 VersG NRW: Anzeige (§ 14 VersG)

(1) Wer eine öffentliche Versammlung unter **freiem Himmel** veranstalten will, hat dies der zuständigen Behörde spätestens 48 Stunden vor der Einladung zu der Versammlung anzuzeigen. Veranstalten mehrere Personen eine Versammlung, ist nur eine Anzeige abzugeben. Die Anzeige muss schriftlich, elektronisch oder zur Niederschrift erfolgen.

(2) Die Anzeige muss den geplanten Ablauf der Versammlung nach erwarteter Teilnehmerzahl, Ort, Zeit und Thema bezeichnen, bei **Aufzügen** auch den beabsichtigten Streckenverlauf. Sie muss Namen, telefonische Erreichbarkeit und eine für den Schriftverkehr mit der zuständigen Behörde geeignete Anschrift der anzeigenden Person und der Person, die sie leiten soll, enthalten. Wird die Versammlungsleitung erst später bestimmt, sind Name und eine für den Schriftverkehr mit der zuständigen Behörde geeignete Anschrift der vorgesehenen Person sowie die telefonische Erreichbarkeit der zuständigen Behörde unverzüglich mitzuteilen. Wenn die Versammlungsleitung sich der Hilfe von Ordnerinnen und Ordnern bedient, ist ihr Einsatz unter Angabe der Zahl der dafür voraussichtlich eingesetzten Personen der zuständigen Behörde mitzuteilen. Änderungen sind der zuständigen Behörde unverzüglich mitzuteilen.

(3) Wenn der Zweck der Versammlung durch eine Einhaltung der Frist nach Absatz 1 Satz 1 gefährdet würde (**Eilversammlung**), ist die Versammlung spätestens mit der Bekanntgabe bei der zuständigen Behörde oder bei der Polizei anzuzeigen. Die Anzeige kann telefonisch erfolgen.

(4) Die Anzeigepflicht entfällt ausnahmsweise nur dann, wenn sich die Versammlung aufgrund eines aktuellen Anlasses augenblicklich bildet (**Spontanversammlung**).

Quelle: DS 17/12423, S. 12–13; DS 17/15821, S. 2, Nr. 8.

Der § 10 präzisiert die Anmeldepflicht im bisherigen § 14 VersG für öffentliche Versammlungen unter freiem Himmel begrifflich, indem er das Wort „Anmeldung“ durch „Anzeige“ ersetzt. Diese einfachgesetzliche Anzeigepflicht widerspricht nach in Rechtslehre und Rechtsprechung vorherrschender Auffassung nicht dem Art. 8 GG, der Versammlungen ohne Anmeldung oder Erlaubnis garantiert. Die Beschränkung auf Versammlungen unter freiem Himmel berücksichtigt zudem das größere Gefahrenpotenzial für die Rechte Unbeteiligter, als dies bei Versammlungen in geschlossenen Räumen der Fall ist.

Der § 10 enthält zudem klare gesetzliche Vorgaben zum Verfahren. Nur eine vorherige Anzeige macht es der Behörde möglich, die Versammlung unter Abwägung mit den Interessen Dritter zu gewährleisten. Sie dient damit nicht nur der Vereinfachung für behördliche Maßnahmen, sondern gibt auch dem Veranstalter die Sicherheit, dass er seine Versammlung in der von ihm angedachten Art und Weise durchführen kann (DS 17/12423, S. 62 f., zu § 10; AK VR, S. 51 f., zu § 10 I, II).

Zu Abs. 1

Der erste Absatz befasst sich mit dem Regelfall einer Versammlung, die durch den möglichen zeitlichen Planungsvorlauf geprägt ist. Er überträgt dem Veranstalter die Anzeigepflicht. Sie gilt auch nur für öffentliche Versammlungen, die unter freiem Himmel stattfinden sollen.

unter freiem Himmel = Der freie Himmel bezieht sich nicht auf Formen der Überdachung, sondern auf offene, freie räumliche Zugänglichkeit für jedermann (AK VR, S. 52 f., Nr. 1).

Bei der Anzeige wird die bisherige 48-Stunden-Frist vor der Einladung beibehalten. Während der erste Gesetzesentwurf bei der Fristberechnung noch Samstage, Sonn- und Feiertage außer Betracht lässt, wird diese Einschränkung nach Anhörung der Sachverständigen gestrichen. Mit der Verfahrenserleichterung für die Anmelder wird die gleichzeitige nicht unerhebliche Erschwernis für die Behörde im Interesse eines bürgerschaftlichen Versammlungswesens vom Gesetzgeber ausdrücklich in Kauf genommen (DS 17/15821, S. 8, zu Nr. 8). Veranstalten mehrere Personen die Versammlung, ist auch nur eine Anzeige vorzulegen. Diese ist zu verschriften (AK VR, S. 53 f., Nr. 1). In der polizeilichen Praxis verfügen die Behörden über entsprechende Vordrucke.

Zu Abs. 2

Im zweiten Absatz sind die inhaltlichen Mindestanforderungen der Anzeige genannt. Sie betreffen Ort, Zeit und Thema der geplanten Versammlung sowie Name und Anschrift des Veranstalters, soweit bekannt auch des Leiters. Beim Leiter sind Nachmeldungen möglich. Bei der Anschrift muss es sich nicht um die private Wohnanschrift handeln, sondern um eine „zustellungsfähige" Adresse. Sofern Ordner vorgesehen sind, sind auch diesbezüglich Mindestangaben zu machen. Einer behördlichen Genehmigung für den grundsätzlichen Einsatz von Ordnern bedarf es dabei nicht. Bei Planänderungen zur Versammlung sind diese der Behörde ggf. nachzumelden. Sofern ein Aufzug geplant ist, muss zusätzlich der beabsichtigte Streckenverlauf mitgeteilt werden (DS 17/12423, S. 63., zu § 10 I, II; AK VR, S. 54 f., Nr. 3).

Aufzug = Eine sich fortbewegende Versammlung unter freiem Himmel (Brenneisen u. a., S. 110, Nr. 1).

Zu Abs. 3

In den Absätzen drei und vier werden die in der Rechtsprechung entwickelten bzw. anerkannten Erscheinungsformen von Eil- und Spontanversammlung gesetzlich normiert. Eilversammlungen sind gem. Absatz 3 solche, bei denen die Umstände eine Anzeige ohne Beachtung der gesetzlichen 48-Stunden-Frist, also nur so bald wie möglich, zulassen. Diese sind in der Praxis heftig umstritten. Veranstalter stellen oftmals auf ihren Entschluss zur Versammlung als Maßstab ab, während die Polizei sich eher am Bekanntwerden des Anlasses orientiert. Bislang spricht man daher dann von einer Eilversammlung, wenn der Veranstalter die Versammlung bei möglichst zeitnaher Reaktion auf ein überraschendes Ereignis nicht unter Einhaltung der 48-Stunden-Frist anmelden kann, ohne den Versammlungszweck zu gefährden (vgl. als Bsp. Dieter Deiseroth/Martin Kutscha [Breitbach/Deiseroth], S. 383, Rd Nr. 180). Ausschlaggebend ist dabei, wann das Ereignis, das den Entschluss zu einer Versammlung auslöst, bekannt, also öffentlich wird. Bei der erforderlichen Neuregelung plädiert der AK VR (S. 53 f., Nr. 3) dafür, auf die Spontaneität des Entschlusses abzustellen. Dem folgt der Gesetzentwurf jedoch nicht. Er nimmt im dritten Absatz folgende Legaldefinition vor:

Eilversammlung = Sie liegt vor, wenn eine Einhaltung der 48-Stunden-Anzeigepflicht den Zweck der Versammlung gefährden würde (vgl. Abs. III im Gesetzestext).

Die Versammlung ist dann spätestens mit der Bekanntgabe bei der zuständigen Behörde oder bei der Polizei, ggf. auch telefonisch, anzuzeigen (vgl. Abs. II des § 10). Ein objektives Kriterium für die Bewertung durch die Polizei dürfte sein, wann erste Vorbereitungen für die Eilversammlung begonnen haben. Spätestens ab diesem Zeitpunkt hätte die Versammlung angezeigt werden können.

Zu Abs. 4

Im vierten Absatz ist die sog. „Spontanversammlung“ geregelt. Hierbei orientiert sich die Gesetzesvorlage an dem vom BVerfG vertretenen Anknüpfungspunkt des „aktuellen Anlasses“ und wiederum nicht, wie vom AK VR vorgeschlagen, an der Spontaneität des Entschlusses. Die Legaldefinition lautet wie folgt:

Spontanversammlung = Sie liegt vor, wenn sich die Versammlung aufgrund eines aktuellen Anlasses augenblicklich bildet (vgl. Absatz IV im Gesetzestext).

Dadurch entfällt ausnahmsweise die Anmeldepflicht. Hier dürften Auslegungskriterien für die Polizei wiederum sein, wann Vorbereitungen für die Versammlung begonnen haben. Zudem haben Spontanveranstaltungen oftmals keinen Veranstalter, da der Entschluss eher situativ durch mehrere Personen getroffen wird (DS 17/12423, S. 63., zu § 10 III; AK VR, S. 54 f., Nr. 3).

§ 11 VersG NRW: Erlaubnisfreiheit (--- VersG)

Für eine öffentliche Versammlung unter freiem Himmel sind keine behördlichen Erlaubnisse erforderlich, die sich auf die Benutzung der **öffentlichen Verkehrsflächen** beziehen.

Quelle: DS 17/12423, S. 13.

Die Regelung hat derzeit keine Entsprechung im Versammlungsgesetz. Sie dient der verfassungsrechtlich garantierten Erlaubnisfreiheit von Versammlungen. Inhaltlich ist sie jedoch seit Langem in der Rechtsprechung, insbesondere in Bezug auf straßenverkehrsrechtliche Genehmigungen, anerkannt.

Die Neuregelung gilt für öffentliche Versammlungen unter freiem Himmel, bei denen öffentliche Verkehrsflächen (vgl. dazu auch unten, S. 108) genutzt werden. Sie gilt nicht für Versammlungen in geschlossenen Räumen, da diese nicht auf öffentlichen Verkehrsflächen stattfinden. Die Regelung steht im Zusammenhang mit dem Anzeigeverfahren und findet daher auch keine

Anwendung auf nichtöffentliche Versammlungen, die nicht anzeigepflichtig sind.

öffentliche Verkehrsfläche = Nach anerkanntem Rechtsverständnis sind dies alle Flächen, die der Allgemeinheit wegerechtlich (Widmung) oder tatsächlich (faktisch) zu Verkehrszwecken offenstehen. Dabei spielen die Eigentumsverhältnisse keine Rolle.

Der Veranstalter soll sich zukünftig nur an eine Verwaltungsbehörde wenden müssen, um von dort einen Gesamtbescheid zu erhalten. Die ggf. dabei gebotene verwaltungsinterne Beteiligung zuständiger Fachbehörden bleibt davon unberührt. Die Versammlungsbehörde prüft alle versammlungsimmanenten Gefahren. Erlaubnisse nach anderen gesetzlichen Regelungen, soweit sie dieser Gefahrenabwehr dienen, z. B. straßenverkehrsrechtliche oder umweltrechtliche Erlaubnisse, die erforderlich wären, wenn es sich nicht um Versammlungen handeln würde, sind daneben nicht notwendig. Eine sachgerechte versammlungsbehördliche Steuerung erfolgt dann durch Beschränkungen (ehemals: Auflagen) nach § 13 I VersG NRW. Versammlungsspezifische Nutzungen des öffentlichen Verkehrsraums, z. B. durch Megafone, Tische, Infostände, Rednerpult oder Toilettenhäuschen, bedürfen keiner gesonderten Erlaubnis. Beim Aufbau von beispielsweise Zelten oder Grills, verbunden mit dem Betreiben von Gasflaschen, können Erlaubnisse des besonderen Verwaltungsrechts jedoch weiterhin erforderlich sein. Es bedarf immer einer konkreten Prüfung am Einzelfall der Versammlung, ob die Sache als unmittelbar oder gezielt versammlungsbezogen zu bewerten ist oder nicht (DS 17/12423, S. 63 f., zu § 11; AK VR, S. 55–58, § 11).

§ 12 VersG NRW: Behördliche Ablehnungsrechte (§§ 18 II, 19 I VersG)

(1) Die zuständige Behörde kann eine zur Leitung einer öffentlichen Versammlung unter freiem Himmel vorgesehene Person als **ungeeignet** ablehnen, wenn deren Einsatz nach den zur Zeit des Erlasses der Verfügung erkennbaren Umständen die öffentliche Sicherheit bei Durchführung der Versammlung unmittelbar gefährdet.

(2) Wenn aufgrund **tatsächlicher Anhaltspunkte zu besorgen** ist, dass von einer öffentlichen Versammlung unter freiem Himmel eine Gefahr für die öffentliche Sicherheit ausgeht, hat die Veranstalterin oder der Veranstalter der Behörde auf deren Aufforderung hin Namen und Adressen der vorgesehenen Ordnerinnen und Ordner mitzuteilen. Die zuständige Behörde

> kann diese als ungeeignet ablehnen, wenn ihr Einsatz nach den zur Zeit des Erlasses der Verfügung erkennbaren Umständen die öffentliche Sicherheit bei Durchführung der Versammlung unmittelbar gefährdet.

Quelle: DS 17/12423, S. 13.

Die Vorschrift hat keine direkte Entsprechung im derzeitigen Versammlungsgesetz, weist jedoch eine gewisse Nähe zu den §§ 18 II und 19 I VersG auf.

Zu Abs. 1

Bei öffentlichen Versammlungen unter freiem Himmel kann die Versammlungsbehörde nach dem ersten Absatz die Versammlungsleitung ablehnen. Voraussetzung ist die unmittelbare Gefährdung der öffentlichen Sicherheit (DS 17/12423, S. 64, zu § 12; AK VR, S. 58 f., zu § 12).

Erstmals eingeführt ist hier in beiden Absätzen der Ablehnungsgrund der „Ungeeignetheit", der im Gesetz selbst wie folgt definiert ist:

Ungeeignetheit = Sie liegt vor, wenn der Einsatz einer Person als Versammlungsleiter bzw. Ordner nach den zur Zeit des Erlasses der Verfügung erkennbaren Umständen die öffentliche Sicherheit bei Durchführung der Versammlung unmittelbar gefährdet (vgl. Abs. I im Gesetzestext).

Zu Abs. 2

Die Versammlungsleitung kann sich, wie weiter oben bereits festgestellt (vgl. die Ausführungen zu § 6 II und 10 III), bei der Durchführung der Versammlung der Hilfe von Ordnern bedienen. Bezüglich der Ordner erhält die Versammlungsbehörde im zweiten Absatz die Möglichkeit, deren Namen und Adressen von der Leitung einzufordern. Voraussetzung dafür ist, dass aufgrund tatsächlicher Anhaltspunkte zu besorgen ist, dass von der Versammlung eine Gefahr für die öffentliche Sicherheit ausgeht. Hier sind die Begriffe „tatsächliche Anhaltspunkte" und „besorgen" zu klären.

Der erste Begriff ist dem allgemeinen Polizeirecht entlehnt und findet sich bereits im jetzigen § 12a I VersG.

tatsächliche Anhaltspunkte = Sind „[...] Indizien, deren Bewertung aufgrund polizeilicher Erfahrungen den Schluss auf die geforderte Gefahrensituation zulassen." (Brenneisen u. a., S. 361).

Der zweite Begriff stammt aus dem juristischen Sprachgebrauch und findet sich bereits in den jetzigen §§ 12a II Nr. 2, 15 I Nr. 2 und 17a III VersG.

zu besorgen = Die Versammlungsbehörde vermutet eine Gefährdung für die öffentliche Sicherheit (AK VR, S. 59, Nr. II).

Diese Würdigung ist nichts anderes als eine sog. „Gefahrenprognose“ (vgl. dazu Knape/Schönrock, S. 91 f., Nr. 1). Vereinfacht ausgedrückt wird begründet, warum auf Grundlage der zu belegenden tatsächlichen Anhaltspunkte mit einer Gefährdung der öffentlichen Sicherheit, bei Einsatz der in Rede stehenden Leitung bzw. und/oder Ordner, aller Voraussicht nach zu rechnen ist.

§ 13 VersG NRW: Beschränkungen, Verbot, Auflösung (§§ 15 I–IV VersG)

(1) Die zuständige Behörde kann eine Versammlung unter freiem Himmel **beschränken**, um eine unmittelbare Gefahr für die öffentliche Sicherheit abzuwehren. Als Beschränkungen kommen insbesondere Verfügungen zum Ort und zum Verlauf der Veranstaltung in Betracht. Auf Bundesautobahnen finden keine Versammlungen statt.

(2) Die zuständige Behörde kann eine Versammlung **verbieten** oder **auflösen**, wenn ihre Durchführung die öffentliche Sicherheit unmittelbar gefährdet und die Gefahr nicht anders abgewehrt werden kann. Eine verbotene Versammlung ist aufzulösen. Nach der Auflösung haben sich die teilnehmenden Personen unverzüglich zu entfernen. Es ist verboten, anstelle der aufgelösten Versammlung eine Ersatzveranstaltung durchzuführen.

(3) Geht eine unmittelbare Gefahr für die öffentliche Sicherheit von **Dritten** aus, sind Maßnahmen der Gefahrenabwehr gegen diese zu richten. Kann dadurch auch unter Heranziehung von landes- oder bundesweit verfügbaren Polizeikräften eine unmittelbare Gefahr nicht abgewehrt werden, dürfen Maßnahmen nach den Absätzen 1 oder 2 auch zulasten der Versammlung ergriffen werden, von der die Gefahr nicht ausgeht. Ein Verbot oder die Auflösung dieser Versammlung setzt **Gefahren für Leben oder Gesundheit** von Personen oder für **Sachgüter von erheblichem Wert** voraus.

(4) Sollen eine beschränkende Verfügung oder ein Verbot ausgesprochen werden, so sind diese nach Feststellung der Voraussetzungen, die diese Verfügung rechtfertigen, **unverzüglich bekannt zu geben**. Die Bekanntgabe einer nach Versammlungsbeginn erfolgenden beschränkenden Verfügung oder einer Auflösung muss unter Angabe des Grundes der Maßnahme erfolgen.

Quelle: DS 17/12423, S. 14; DS 17/15821, S. 2, Nr. 9.

Das Grundrecht der Versammlungsfreiheit wird in Artikel 8 des Grundgesetzes nicht uneingeschränkt gewährt. So sind gem. Absatz 2 Beschränkungen bei Versammlungen unter freiem Himmel durch Gesetz oder aufgrund eines

Gesetzes zum Schutz der öffentlichen Sicherheit grundsätzlich zulässig. Ein solches Gesetz ist auch das VersG NRW. In § 13 regelt es die möglichen Verbote auf versammlungsrechtlicher Grundlage. Solche sind aber auch nach anderen Rechtsvorschriften zulässig. So beispielsweise 2021/2022 im Rahmen der Corona-Pandemie nach § 28 I Infektionsschutzgesetz des Bundes. Dieses Gesetz sieht ausdrücklich eine Beschränkung der Versammlungsfreiheit nach Art. 8 GG vor.

Bei der Ausformulierung der Einschränkungen ist die Rechtsprechung des BVerfG zu beachten, wonach Verbote nur zum Schutz wichtiger Gemeinschaftsgüter und Beschränkungen nur zum Schutz eines der Versammlungsfreiheit im konkreten Fall mindestens gleichwertigen Schutzgutes ergehen können. Daneben fordert das BVerfG eine Sachlage, die bei ungehindertem Geschehensablauf mit hoher Wahrscheinlichkeit zu einem Schaden für die entgegenstehenden rechtlich geschützten Interessen führt (= unmittelbare Gefahr). Die Abwägung erfolgt im Rahmen einer sog. „Gefahrenprognose" (vgl. dazu ausführlich Reuter 2020). Die Grenze der Versammlungsfreiheit ist immer dann erreicht, wenn die Beeinträchtigung Dritter nicht nur Nebenfolge, sondern Ziel der Versammlung ist, z. B. um die öffentliche Aufmerksamkeit für das Anliegen zu erhöhen. Sofern diese Beeinträchtigung nicht mehr geringfügig ist, ist die Polizei berechtigt, gegen die Störer vorzugehen und ggf. die Versammlung aufzulösen (DS 17/12423, S. 65 f., zu § 13; AK VR, S. 60 f., Nr. I–II).

Zu Abs. 1

Mit der Ausgestaltung des ersten Absatzes als Kann-Vorschrift liegt es im Ermessen der Versammlungsbehörde, ob und wie sie ggf. eingreift. Dadurch wird ihr ermöglicht, potenzielle Eskalationen infolge von Beschränkungen zu vermeiden. Selbst unfriedliche Versammlungen führen nicht automatisch zu einer Handlungspflicht der Behörde durch Ermessensreduzierung auf null.

In Satz 1 des ersten Absatzes ist die Rechtsgrundlage für Beschränkungen (sog. Auflagen bzw. Auflagenvorbehalte) einer Versammlung aufgeführt. Dabei wird in der Erstfassung des Entwurfs, entgegen dem Vorschlag der AK VR, an dem in der Literatur besonders strittigen Schutzgut der öffentlichen Ordnung festgehalten. Nach Sachverständigenanhörung wird diese dann gestrichen (DS 17/15821, S. 2, Nr. 9). Beschränkungen dienen dem Ausgleich konkurrierender Interessen und können einem Verbot vorbeugen. Das VersG NRW selbst enthält mehrere Verbote und Gebote, so z. B. das Störungsverbot im § 7, das Waffenverbot im § 8, das Vermummungs- und Schutzausrüstungsverbot im § 17 und das Gewalt-/Einschüchterungsverbot im § 18.

Nach Satz 1 des § 13 kann die Versammlungsbehörde eine Versammlung unter freiem Himmel beschränken, um eine unmittelbare Gefahr für die öffentliche Sicherheit oder Ordnung abzuwehren. Auf alle Merkmale, außer auf die Beschränkungen, wurde bereits an anderer Stelle eingegangen (vgl. das Stichwortverzeichnis im Anhang, S. 153).

Beschränkungen = Dies „[...] sind ungeachtet der gewählten Bezeichnung alle Maßnahmen staatlicher Stellen, die die Wahrnehmung der Versammlungsfreiheit be- oder einschränken, erschweren, hindern oder sonst beeinträchtigen." Das betrifft ***Eingriffe, faktische Beschränkungen*** und ***Einschränkungen*** (Deiseroth/Kutscha [Breitbach/Deiseroth], S. 418, Rd Nr. 311).

> ***Eingriffe*** = Dies sind alle zweckgerichteten, unmittelbaren und expliziten staatliche Ver- oder Gebote (a. a. O., S. 418 f., Rd Nr. 312).[31]
>
> ***faktische Beschränkung*** = Es handelt sich um jedwede staatliche Maßnahme, die grundrechtlich geschütztes Verhalten erschwert oder unmöglich macht (a. a. O., S. 419–422, Nr. 2).[32]
>
> ***Einschränkungen*** = Dies sind grundrechtssystematische Kollisionswirkung durch Gewährleistung und Beschränkung anderer Grundrechte sowie Verfassungsbestimmungen (a. a. O., S. 423 f., Nr. 4).[33]

Beschränkungen in diesem Sinne sind nur zum Schutz eines der Versammlungsfreiheit im konkreten Fall mindestens gleichwertig gegenüberstehenden Rechtsgutes zulässig. Voraussetzung ist ferner eine konkrete Sachlage, die bei ungehindertem Geschehensablauf mit hoher Wahrscheinlichkeit zu einem Schaden für die der Versammlungsfreiheit entgegenstehenden rechtlich geschützten Interessen führt. Voraussetzung ist weiterhin das Vorliegen einer die Gefahr begründenden Tatsache.

Absatz 1 Satz 2 enthält Beispiele für die in der Versammlungspraxis bedeutsamsten Beschränkungen hinsichtlich Ort und Verlauf der Versammlung. Es handelt sich dabei nicht um eine abschließende Auflistung (DS 17/12423, S. 65–68, zu § 13 I; AK VR, S. 61–63, Nr. 1).

Satz 3 wird nach der Sachverständigenanhörung eingefügt. Er stellt unmissverständlich klar, dass auf Bundesautobahnen keine Versammlungen stattfinden dürfen (DS 17/15821, S. 8–9, zu Nr. 9).

---

31 Beispielhaft genannt werden die im Gesetz detailliert geregelten Verbote, Auflösung, Auflage, Bußgeld, Straftatbestand oder Kostenbescheid.

32 Beispielhaft genannt werden einschließende Begleitung, Videoüberwachung, Einsatz von Kampfflugzeugen der Bundeswehr, Presseerklärung als Warnung vor Teilnahme, schikanöse Behinderung der Anfahrt, Ausforschungsmaßnahmen, Internetermittlung oder Einsatz virtueller Ermittler.

33 Beispielhaft genannt werden Art. 1 I, 2 II, 3 III usw.

Zu Abs. 2

Im zweiten Absatz wird der Behörde im ersten Satz die Möglichkeit eingeräumt, für Versammlungen ein Verbot auszusprechen oder eine Auflösung anzuordnen. Das setzt eine unmittelbare Gefährdung ausschließlich der öffentlichen Sicherheit voraus und dass Beschränkungen als milderes Mittel nicht in Betracht kommen.

Auch hier ist eine konkrete Sachlage, die bei ungehindertem Geschehensablauf mit hoher Wahrscheinlichkeit zu einem Schaden für die der Versammlungsfreiheit entgegenstehenden rechtlich geschützten Interessen führt, erforderlich. Voraussetzung ist weiterhin das Vorliegen einer die Gefahr begründenden Tatsache. Eine bloße Verletzung der Anzeigepflicht nach § 10 würde beispielsweise weder ein Verbot noch eine Auflösung rechtfertigen.

Die nachträgliche Auflösung, insbesondere bei Großversammlungen, birgt immer die Gefahr einer unkalkulierbaren Gewalteskalation, sodass, wenn es die Sachlage hergibt, ein Verbot vorzuziehen wäre. Wie im ersten Absatz handelt es sich auch hier um eine Kann-Vorschrift. Dagegen stellt der zweite Satz aber auch klar, dass eine verbotene Versammlung zwingend aufzulösen ist. An der polizeilichen Pflicht zur Auflösung verbotener oder unfriedlicher Versammlungen wird festgehalten.

Verbot = Ist „[...] die Untersagung einer konkret geplanten Versammlung mit dem Ziel, ihre Durchführung zu verhindern. [...] Sie ist bis zum Beginn der Hauptphase und damit in der Vorbereitungs-, Anmarsch- und Ansammlungsphase möglich." (Brenneisen u. a., S. 372, Nr. 1).

Auflösung = Sie „ist [...] die behördliche Verfügung, durch die eine Versammlung oder Aufzug, die bzw. der bereits begonnen hat, mit dem Ziel beendet wird, die Menschenansammlung, d. h. die bisher erschienen Teilnehmer zu zerstreuen." (mit Hinweis auf BverfG Deiseroth [Breitbach/Deiseroth], S. 826, Rd Nr. 544).

Nach der Auflösung, die ein Verwaltungsakt ist, haben sich die teilnehmenden Personen unverzüglich räumlich zu entfernen. Sie können sich nicht mehr auf ihr Recht auf Versammlungsfreiheit aus Art. 8 GG berufen. Zudem wird ausdrücklich klargestellt, dass sog. Ersatzveranstaltungen, auch als „Spontanversammlung", anstelle der aufgelösten Versammlung unzulässig sind (AK VR, S. 64 f., Nr. 6–8).

Zu Abs. 3

Der erste Satz im dritten Absatz stellt klar, dass bei unmittelbaren Gefahren für die öffentliche Sicherheit oder Ordnung, die von Dritten ausgehen, die polizeilichen Maßnahmen grundsätzlich auch gegen diese Personen zu richten sind. Dieser Grundsatz gilt nicht nur für Versammlungen, sondern allgemein im Polizei- und Ordnungsrecht. Die Polizei hat die Aufgabe, die Durchführung der Versammlung zu ermöglichen, um das Grundrecht auf Versammlungsfreiheit zu gewährleisten.

Dritte = Dies sind alle Personen, die sich nicht an der Versammlung als Veranstalter, Leiter, Ordner oder Teilnehmer beteiligen.

Im dritten Absatz wird als Ausnahmefall geregelt, wann ggf. auch Maßnahmen nach den ersten beiden Absätzen, also Beschränkungen, Verbote oder Auflösungen, zulasten der Versammlung zulässig sind. Dies kommt nur dann als „Ultima Ratio“ infrage, wenn trotz Heranziehung von landes- oder bundesweit verfügbaren Polizeikräften die unmittelbare Gefahr nicht abgewehrt werden könnte. Die Regelung folgt der aus dem allgemeinen Polizeirecht bekannten Inanspruchnahme des sog. „Nichtstörers“ und ist unter dem Begriff des „Polizeilichen Notstandes“ bekannt.

Dabei ist das Verbot oder die Auflösung der Versammlung nur zulässig, wenn es gilt, Gefahren für Leben oder Gesundheit von Personen oder für Sachgüter von erheblichem Wert abzuwehren.

(unmittelbare) Gefahr für Leben oder Gesundheit = Sie ist eine konkrete Gefahr (vgl. oben, S. 65) für den Schutzbereich des Art. 2 II Satz 1 des Grundgesetzes, das Recht auf Leben und körperliche Unversehrtheit (vgl. GG), wobei die hohe Wahrscheinlichkeit eines Schadenseintritts vorliegt.

(unmittelbare) Gefahr für Sachgüter von erheblichem Wert = Es ist eine konkrete Gefahr (vgl. oben, S. 65) für den Schutzbereich des Art. 14 I Satz 1 GG in Bezug auf Sachen als Teil des Eigentums (vgl. GG), und die hohe Wahrscheinlichkeit eines Schadenseintritts liegt vor.

Sache = Dies sind gem. § 90 BGB (vgl. dort) alle körperlichen Gegenstände.

Auf den Begriff der „Erheblichkeit“ wird weder in der Gesetzesdrucksache noch im Musterentwurf näher eingegangen. Aus dem allgemeinen Polizeirecht und aus dem derzeitigen VersG ist jedoch der Begriff der „erheblichen Gefahr“ bekannt. Danach läge ein erheblicher Wert vor, wenn die Gefahr für Sachen von bedeutendem Wert bestünde (vgl. Knape/Schönrock, S. 283, Rd Nr. 50). In der Rechtsprechung, beispielsweise zum Landfriedensbruch gem. § 125 StGB, wird ein bedeutender Sachschaden bei ca. 1.300 Euro angesetzt (Joachim Renzikowski [Breitbach/Deiseroth], S. 1112, Rd Nr. 11). Demnach ergäbe sich folgende Definition:

erheblicher Wert = Ein erheblicher, auch bedeutender Wert für Sachgüter kann ab ca. 1.300 Euro angenommen werden.

Werden Maßnahmen gegen die Versammlung erwogen, muss die Polizei mit hinreichender Wahrscheinlichkeit im jeweiligen Einzelfall nachweisen, dass sie nicht in der Lage wäre, die Versammlung vor den Störern zu schützen. Ihr obliegt in diesen Fällen die Darlegungs- und Beweislast für das Vorliegen einer solchen Ausnahmesituation (DS 17/12423, S. 69, zu § 13 III; AK VR, S. 63, Nr. 3).

Zu Abs. 4

Mit der Regelung im ersten Satz des vierten Absatzes soll dem Veranstalter ein effektiver Rechtsschutz, insbesondere ein Eilrechtsschutz, ermöglicht werden. Sofern sich die polizeiliche Beurteilung der Gefahrenlage danach erheblich ändert, kann die Behörde ihre Verfügung immer noch korrigieren. Auch können mehrere Kooperationsgespräche ggf. Abhilfe schaffen.

Hat die Versammlungsbehörde die Absicht, eine beschränkende Verfügung oder ein Verbot auszusprechen, sind sie unverzüglich nach Feststellung der diesbezüglichen Voraussetzungen bekannt zu geben.

unverzüglich = Die Bekanntgabe erfolgt ohne objektiv-sachlich gerechtfertigte Verzögerung (vgl. als Bsp. Knape/Schönrock, S. 689, Rd Nr. 15).

Bekanntgabe = Ist die Eröffnung des Verwaltungsaktes an den/die Betroffenen mit Wissen und Wollen der Behörde, die ihn erlässt (Dietel u. a., S. 571 f., Rd Nr. 97–98).

Da es sich um einen Verwaltungsakt (VA) handelt, sind alle diesbezüglichen rechtlichen Bedingungen hinsichtlich Form, Bestimmtheit, Wirksamkeit usw. zu beachten (vgl. dazu Reuter 2018a, S. 50–52, Buchst. h). Im hier vorliegenden Falle einer Beschränkung oder eines Verbotes wäre der Veranstalter der Adressat des VA. Bei Auflösung während der Versammlung wären es alle Versammlungsbeteiligten (Veranstalter, Leiter, Ordner, Teilnehmer) (Dietel u. a., S. 329 f., Rd Nr. 212–215).

In Satz 2 wird zusätzlich festgelegt, dass die Bekanntgabe einer nach Versammlungsbeginn erfolgenden beschränkenden Verfügung oder einer Auflösung unter Angabe des Grundes der Maßnahme erfolgen muss. Diese besondere verfahrensrechtliche Anforderung soll sicherstellen, dass nicht nur Veranstalter und Leiter, sondern alle Anwesenden den Grund für die Verfügung erfahren (AK VR S. 63 f., Nr. 4–5).

§ 14 VersG NRW: Gefährderansprache, Untersagung der Teilnahme oder Anwesenheit und Ausschluss von Personen (--- VersG)

(1) **Rechtfertigen Tatsachen** die **Annahme**, dass eine Person gegen Verbote in den §§ 7, 8, 17 oder 18 verstoßen wird, kann die zuständige Behörde zur **Verhütung** dieser Gefahren eine **Gefährderansprache** durchführen. Die betroffene Person darf hierzu **angehalten** werden.

(2) Die zuständige Behörde kann einer Person die Teilnahme an oder die **Anwesenheit** in einer Versammlung unter freiem Himmel vor deren Beginn **untersagen**, wenn von ihr nach den zur Zeit des Erlasses der Verfügung erkennbaren Umständen bei Durchführung der Versammlung eine unmittelbare Gefahr für die öffentliche Sicherheit ausgeht.
In der Untersagung soll angeordnet werden, dass sich die betroffene Person innerhalb eines festgelegten Zeitrahmens oder zu einem bestimmten Zeitpunkt auf einer Polizeidienststelle einzufinden und sich dort mit einem Personaldokument auszuweisen hat (**Meldeauflage**). § 10 Absatz 2 Satz 2 des Polizeigesetzes des Landes Nordrhein-Westfalen gilt entsprechend.

---

§ 10 II Satz 2 PolG NRW – Vorladung

(2) [...] Bei der Festsetzung des Zeitpunkts soll auf den Beruf und die sonstigen Lebensverhältnisse der betroffenen Person Rücksicht genommen werden.

---

(3) Wer durch sein Verhalten in der Versammlung die öffentliche Sicherheit unmittelbar gefährdet, ohne dass die Versammlungsleitung dies **unterbindet**, oder wer einer Anordnung nach § 17 Absatz 2 oder § 18 Absatz 2 zuwider handelt, kann von der zuständigen Behörde ausgeschlossen werden. Wer aus der Versammlung ausgeschlossen wird, hat sich unverzüglich zu entfernen.

Quelle: DS 17/12423, S. 15.

Der Gesetzgeber übernimmt den § 14 VersG NRW vom AK VR, ergänzt ihn jedoch um die Möglichkeiten, Gefährderansprachen durchzuführen und Meldeauflagen zu erteilen. Bislang fehlte eine diesbezügliche klare Regelung im VersG. Allerdings werden solche Eingriffsbefugnisse über das Verhältnismäßigkeitsprinzip als sog. „Minusmaßnahme“ für zulässig befunden (DS 17/12423, S. 70, zu § 14; AK VR, S. 66, Nr. I, II).

Zu Abs. 1

Der Satz 1 im ersten Absatz erlaubt es der Behörde, eine sog. „Gefährderansprache“[34] durchzuführen. Dafür müssen Tatsachen die Annahme rechtfertigen, dass eine Person gegen das Störungsverbot im § 7 oder das Waffen-/Gewalttätigkeitsverbot im § 8 oder das Vermummungs-/Schutzausrüstungsverbot im § 17 oder das Gewalt- und Einschüchterungsverbot im § 18 verstoßen wird.

Tatsachen = Dies sind alle Vorgänge/Zustände, also sinnlich wahrnehmbare Fakten und nicht bloße Vermutungen oder Annahmen (Knape/Schönrock, S. 442 f., Buchst. A).

Annahme rechtfertigen = Bei der erforderlichen Gefahrenprognose sprechen Tatsachen dafür, dass gerade die konkrete Person die genannten Verstöße begehen wird.

Die prognoseleitenden Tatsachen brauchen sich nicht nur auf Rechtsverstöße, sondern können sich auch auf bereits gezeigtes gefahrerhöhendes Verhalten beziehen.

Verhütung = Ist die Verhinderung von Gefahren bzw. Straftaten (vgl. dazu ausführlich Knape/Schönrock, S. 103 ff., Buchst. A).

Gefährderansprachen zählen zu den Standardmaßnahmen der Polizei und werden in NRW auf die Generalklausel des Polizeigesetzes gestützt. Nunmehr erfolgt ihre spezialgesetzliche Regelung für das Versammlungsrecht.

Gefährderansprache = Eine Gefährderansprache ist das gezielte und normverdeutlichende Ansprechen einer bestimmten Person mit der Intention, auf deren zukünftiges Verhalten störungsminimierend einzuwirken (vgl. Reuter 2019).

Dem potenziellen Störer soll vor Augen geführt werden, dass er bei einem versammlungsrechtlich relevanten Fehlverhalten mit Maßnahmen der Polizei konfrontiert wird. Dadurch können beim Adressaten Einsicht erweckt, aber auch Abschreckung erzeugt werden, die zu rechtskonformem Verhalten führen. Eine Gefährderansprache kann mündlich wie schriftlich („Gefährderanschreiben“) erfolgen (DS 17/12423, S. 70 f., zu § 14 I Satz 1).

Insbesondere bei der Wahl des Ortes für die Ansprache spielt der Verhältnismäßigkeitsgrundsatz eine besondere Rolle. Sie sollten grundsätzlich nicht im Beisein Dritter wegen ihrer dann potenziell stigmatisierenden Wirkung erfolgen. Bei Minderjährigen sind die Erziehungsberechtigten hinzuzuziehen.

34 Vgl. zur polizeirechtlichen Rechtslage in NRW ausführlich Reuter 2019.

Falls dies nicht möglich ist, können sie über Durchführung und Inhalt der Maßnahme in anderer Form unterrichtet werden (DS 17/12423, S. 70 f., zu § 14 I Satz 1).

Im zweiten Satz des ersten Absatzes ist das Recht verankert, die betroffene Person zum Zwecke der Gefährderansprache anzuhalten. Ein solches „Anhalten" ist unerlässlich, um die Ansprache überhaupt durchführen zu können. Ein „Festhalten" der Person zu diesem Zweck wäre allerdings nicht zulässig (DS 17/12423, S. 71, zu § 14 I Satz 2).

anhalten = Es unterbricht die Fortbewegung einer Person und hindert sie für die Dauer der Maßnahme daran, den Ort der Maßnahme zu verlassen (Knape/Schönrock, S. 351, Rd Nr. 150).

Zu Abs. 2

Da es für Veranstalter/Leiter einer Versammlung keine rechtliche Möglichkeit gibt, potenzielle Störer an der Teilnahme einer Versammlung zu hindern, wird im ersten Satz des zweiten Absatzes eine solche Möglichkeit für die Behörde geschaffen. Unter den dort genannten Voraussetzungen ist die Untersagung der Teilnahme an einer Versammlung oder die Anwesenheit in einer Versammlung bereits vor deren Beginn möglich. Dies schafft Raum für Maßnahmen, die weniger einschneidend als Verbot oder Auflösung der Versammlung insgesamt sind. Eine entsprechende Regelung gibt es im derzeitigen VersG nicht.

anwesend = Dies sind alle Teilnehmer und Nichtteilnehmer der Versammlung, die örtlich zugegen sind (AK VR, S. 66 f., Nr. 1).

Untersagung = Die Möglichkeit, Personen bereits im Vorfeld der Versammlung von einer Teilnahme auszuschließen (Berit Völzmann [Breitbach/Deiseroth], S. 1368 f., Nr. 4).

Da zwischen Teilnehmern und Nichtteilnehmern einer Versammlung nur schwer zu unterscheiden ist, auch wenn letztere sich nicht auf die Versammlungsfreiheit aus Art. 8 GG berufen können, sind die Anforderungen zur Teilnahme- oder Anwesenheitsuntersagung für beide gleich (AK VR, S. 66 f., Nr. 1).

Gem. dem zweiten und dritten Satz des zweiten Absatzes soll als Ergänzung der Untersagung eine „Meldeauflage" angeordnet werden. Diese wird im Gesetz wie folgt definiert:

Meldeauflage = Eine Anordnung in der Teilnahme- bzw. Anwesenheitsuntersagung, dass sich die betroffene Person innerhalb eines festgelegten Zeitrahmens oder zu einem bestimmten Zeitpunkt auf einer Polizeidienststelle einzufinden und sich dort mit einem Personaldokument auszuweisen hat (vgl. Abs. II im Gesetzestext).

Eine mit einer Meldeauflage abgesicherte Teilnahmeuntersagung stellt neben einem Eingriff in die Versammlungsfreiheit auch einen solchen in das Grundrecht auf Freizügigkeit gem. Art 11 GG dar. Die Meldeauflage steht als Soll-Vorschrift im Ermessen der Versammlungsbehörde. Die Nicht-Einhaltung der Meldeauflagen wird entgegen dem Wortlaut der Vorschrift nicht als Ordnungswidrigkeit nach § 28 Absatz 1 Nr. 5 geahndet.

Durch die gewählten Zeitabstände, einmalig oder mehrmals zu einer bestimmten Zeit bzw. innerhalb eines bestimmten Zeitraumes, und den Meldeort, der nicht zwingend eine polizeiliche Dienststelle sein muss, soll die betroffene Person effektiv daran gehindert werden, den Versammlungsort aufzusuchen. Gem. Satz 3, durch Hinweis auf den § 10 II S. 2 PolG NRW, soll bei der Festsetzung des Zeitpunkts auf den Beruf und die sonstigen Lebensverhältnisse der betroffenen Person Rücksicht genommen werden (DS 17/12423, S. 71 f., zu § 14 II; AK VR, S. 67, Nr. 2).

Zu Abs. 3

Mit dem dritten Absatz erhält die Polizei Möglichkeiten, Personen von der laufenden Versammlung auszuschließen. Dies ist einerseits zulässig, wenn diese Personen durch ihr Verhalten die öffentliche Sicherheit unmittelbar gefährden, ohne dass es von der Versammlungsleitung unterbunden wird. In erster Linie ist es Aufgabe der Versammlungsleitung, während der Versammlung auf die Abwehr von Gefahren hinzuwirken.

Andererseits ist ein polizeilicher Ausschluss auch dann zulässig, wenn die Personen einer Anordnung zum Vermummungs-/Schutzausrüstungsverbot gem. § 17 II VersG NRW oder zum Gewalt- und Einschüchterungsverbot gem. § 18 II VersG NRW zuwiderhandelt. Sobald der polizeiliche Ausschluss erfolgt ist, hat sich die ausgeschlossene Person unverzüglich vom Versammlungsort zu entfernen (DS 17/12423, S. 72, zu § 14 III; AK VR, S. 67, Nr. 2).

unterbinden = Die Pflicht der Versammlungsleitung aus der ihr obliegenden Ordnungsfunktion bei unmittelbarer Gefährdung der öffentlichen Sicherheit gegen Gefahrenverursacher vorzugehen (Dietel u. a., S. 238, Rd Nr. 24). Bei Nichtvornahme durch Versammlungsleitung sowie bei Zuwiderhandlung gegen eine Anordnung nach § 17 II oder § 18 II kann eine Unterbindung durch die Polizei erfolgen.

§ 15 VersG NRW: Kontrollstellen (--- VersG)

(1) Bestehen tatsächliche Anhaltspunkte dafür, dass Waffen mitgeführt werden oder der Einsatz von Gegenständen im Sinne von § 8 Absatz 1 Nummer 2, § 17 oder § 18 die öffentliche Sicherheit bei Durchführung einer öffentlichen Versammlung unter freiem Himmel unmittelbar gefährden wird, können auf den Anfahrts- und Fußwegen zu der Versammlung **Kontrollstellen** errichtet werden, um Personen und Sachen zu **durchsuchen**.

(2) **Identitätsfeststellungen** sowie weitere polizei- und ordnungsrechtliche oder strafprozessuale Maßnahmen sind nur zulässig, soweit sich an der Kontrollstelle tatsächliche Anhaltspunkte für einen bevorstehenden Verstoß gegen § 8 Absatz 1 Nummer 2, § 17, § 18 oder für die Begehung strafbarer Handlungen ergeben. § 12 Absatz 2 des Polizeigesetzes des Landes Nordrhein-Westfalen ist anwendbar.

---

§ 12 II PolG NRW – Identitätsfeststellung

Die Polizei kann die zur Feststellung der **Identität erforderlichen Maßnahmen** treffen. Sie kann die betroffene Person insbesondere anhalten, sie nach ihren Personalien **befragen** und **verlangen**, dass sie Angaben zur Feststellung ihrer Identität macht und mitgeführte **Ausweispapiere** zur Prüfung **aushändigt**. Die betroffene Person kann **festgehalten** werden, wenn die Identität auf andere Weise **nicht** oder nur unter **erheblichen Schwierigkeiten** festgestellt werden kann. Unter den Voraussetzungen des Satzes 3 können die betroffene Person sowie die von ihr mitgeführten Sachen durchsucht werden.

Quelle: DS 17/12423, S. 15; DS 17/15821, S. 2, Nr. 10.

Das derzeitige VersG sieht keine Regelungen für die Einrichtung sog. „Kontrollstellen“ vor. Daher wird noch auf die diesbezüglichen Regelungen des allgemeinen Polizeirechts, in NRW auf § 12 I Nr. 4, zurückgegriffen. Diese enthalten jedoch zumeist keine Verpflichtung zum Schutz der Versammlungsfreiheit. Auch von der rechtlichen Systematik her gehört eine Kontrollstellenregelung für Versammlungen in das Versammlungsgesetz (AK VR, S. 68, Nr. II).

In seiner ersten Vorlage will der Gesetzgeber nicht den diesbezüglichen umfassenderen Vorschlag des AK VR übernehmen, sondern orientiert sich am § 12 I Nr. 4 des nordrhein-westfälischen Polizeigesetzes. Dessen Absatz 2 wäre dann anzuwenden. Im zu novellierenden § 12 PolG NRW müsste als Folge die bisherige Bezugnahme auf das Versammlungsgesetz gestrichen werden

(DS 17/12423, S. 72, zu § 15). Nach Durchführung der Sachverständigenanhörung, und vor dem Hintergrund der Rechtsprechung des BVerfG zum bayerischen Polizeigesetz, gibt der Gesetzgeber jedoch diese geplante Formulierung im § 15 VersG NRW auf und ändert die Bestimmung grundlegend (DS 17/15821, S. 9, zu Nr. 10). Erfasst werden dabei keine Kontrollstellen aufgrund anderer polizeilicher Ziele, z. B. der allgemeinen Gefahrenabwehr oder der Verbrechensbekämpfung (DS 17/12423, S. 72, zu § 15).

Zu Abs. 1

Im ersten Absatz wird die Einrichtung versammlungsrechtlicher Kontrollstellen abschließend geregelt. Dadurch ist ein Rückgriff auf das Polizeirecht bei ihrer Einrichtung unzulässig (AK VR, S. 67 f., Nr. I).

Diese versammlungsbezogenen Kontrollstellen dürfen nur eingerichtet werden, wenn tatsächliche Anhaltspunkte auf eine unmittelbare Gefährdung der öffentlichen Sicherheit bei Durchführung der Versammlung schließen lassen, weil Waffen i. S. v. § 8 I Nr. 1 VersG NRW mitgeführt werden oder der Einsatz von Gegenständen zu besorgen ist, die gefährlich i. S. v. § 8 I Nr. 2 sind oder als Vermummung oder Schutzausrüstung i. S. v. § 17 dienen können oder für Gewalt- oder Einschüchterung i. S. v. § 18 einsetzbar sind. Sie dienen der Verhütung von Gewalttätigkeiten bei Versammlungen sowie von Verstößen gegen Waffen-, Schutzausrüstungs- und Vermummungsverbot. Die Kontrollen sind dabei zügig durchzuführen. Personen dürfen durch sog. „schleppende Kontrollen“ nicht an einer Versammlungsteilnahme gehindert werden. Daher ist auf ausreichende personelle Besetzung besonderer Wert zu legen (AK VR, S. 69., Nr. 1).

Bei der Einrichtung und Durchführung der Kontrollstellen ist strikt darauf zu achten, dass jeder Teilnehmer das Grundrecht auf Beteiligung an einer nicht verbotenen und friedlichen Versammlung hat. Er kann daher anonym an der Versammlung teilnehmen und muss sich weder registrieren lassen noch den Grund für seine Teilnahme gegenüber staatlichen Stellen erläutern oder rechtfertigen.

Alle Merkmale der Vorschrift sind aus Literatur und Rechtsprechung zum § 12 I PolG NRW bekannt, sodass hier nur der Vollständigkeit halber die gängigen Definitionen aufgeführt werden:

Kontrollstelle (im polizeitaktischen Sinne) = Eine ortsfeste oder mobile Straßensperre auf öffentlichen Straßen, Wegen und Plätzen durch die Polizei mit dem Ziel, dort präventiv (verhütend) oder repressiv (verfolgend) tätig zu werden. Ankommende Personen sind verpflichtet, ihre Identität feststellen und sich sowie mitgeführte Sachen durchsuchen zu lassen (vgl. dazu Knape/Schönrock, S. 394 f., Rd Nr. 66; Brenneisen u. a., S. 360, Nr. 7.41).

Kontrollstelle (im versammlungsrechtlichen Sinne) = Wie zuvor, allerdings mit dem alleinigen Ziel der Prävention (verhütend) vor den genannten Straftaten nach dem VersG NRW (vgl. Gesetzestext).

durchsuchen = Ist die zielgerichtete Suche nach Personen oder Sachen.

Sachen und Personen werden durchsucht, um andere Sachen aufzufinden, die sichergestellt, überprüft oder in anderer zugelassener Weise genutzt werden dürfen. Sachen werden zudem durchsucht, um Personen aufzufinden, die in Gewahrsam genommen werden sollen (Knape/Schönrock, S. 726, Rd Nr. 2).

Zu Abs. 2

Nach dem zweiten Absatz sind Identitätsfeststellungen und weitere polizei- und ordnungsrechtliche sowie strafprozessuale Maßnahmen möglich, soweit sich bei der Kontrolle tatsächliche Anhaltspunkte für einen bevorstehenden Verstoß gegen § 8 I Nr. 2 VersG NRW (gefährliche Gegenstände), § 17 (Gegenstände für Vermummungs- und Schutzausrüstung), § 18 (Gegenstände für Gewalt und Einschüchterung) oder für die Begehung strafbarer Handlungen (alle gesetzlichen Tatbestände, die mit Geld- oder Freiheitsstrafe bedroht sind[35]), ergeben. Dabei ist der § 12 II des Polizeigesetzes des Landes Nordrhein-Westfalen anwendbar (AK VR, S. 67 f., Nr. I).

Somit richtet sich die Durchführung der Identitätsfeststellung nach dieser Vorschrift (DS 17/12423, S. 72, zu § 15). Die Merkmale des Paragrafen sind aus Literatur und Rechtsprechung bekannt, sodass hier nur der Vollständigkeit halber die gängigen Definitionen aufgeführt werden:

Identität = Die zur Identifizierung einer Person erforderlichen Personaldaten, insbesondere die im § 111 OWiG aufgeführten Vor-, Familien- oder Geburtsnamen, Ort und Tag der Geburt, Familienstand, Beruf, Wohnort oder Wohnung und Staatsangehörigkeit sowie individuelle Merkmale anderer Art, wie z. B. äußere körperliche Merkmale und Erscheinungsbild (Knape/Schönrock, S. 381, Rd Nr. 5–7).

Identitätsfeststellung = Sie „[...] ist zum einen die Beschaffung u. Aufnahme solcher individuellen Merkmale (Personaldaten und sonstige Identitätsmerkmale) einer [...] noch unbekannten Person, die es ermöglichen, sie von anderen Personen zu unterscheiden u. Verwechslungen auszuschließen. [...] Des

35 Alexy u. a., S. 252, Straftat.

Weiteren die Prüfung, ob die betroffene Person mit einer gesuchten identisch ist oder sonst etwas gegen sie vorliegt.“ (Knape/Schönrock, S. 380, Rd Nr. 2).

erforderliche Maßnahmen = Der Umfang der Identitätsfeststellung hängt im Einzelfall davon ab, welche anderen behördlichen Maßnahmen dadurch vorbereitet bzw. damit durchgeführt werden sollen (Knape/Schönrock, S. 381, Rd Nr. 8).

befragen = Ist die mündliche, schriftliche oder fernmündliche Aufforderung an eine Person, Informationen zu ihrer Identität gegen ihren Willen preiszugeben (Knape/Schönrock, S. 340–342, Nr. 1–5).

Verlangen, Ausweispapiere auszuhändigen = Die polizeiliche Aufforderung an Person, mitgeführte „Ausweispapiere“, also identitätsnachweisende Dokumente, körperlich zu übergeben, um sie im Hinblick auf die Identität der Person auszuwerten.

festhalten = Ist jede Beeinträchtigung der Bewegungsfreiheit, ohne Freiheitsentziehung zu sein.

Das ist bei der Identitätsfeststellung vor Ort der Fall. Eine Freiheitsentziehung liegt dagegen vor, wenn jemand für einen nicht nur unerheblichen Zeitraum gegen bzw. ohne seinen Willen an einem bestimmten und eng umgrenzten Ort festgehalten wird und seinen Aufenthaltsort nicht mehr willentlichen selbst bestimmen kann (Knape/Schönrock, S. 685–687, Buchst. B). Dies ist bei der Sistierung zur Wache, die daher auch dem Richtervorbehalt gem. § 36 I PolG NRW unterliegt, der Fall.

Identität nicht festgestellt = Weil die Person sich nicht ausweisen will oder kann und andere Identifizierungsmöglichkeiten ausscheiden oder die Echtheit, Gültigkeit oder Zuverlässigkeit der Ausweispapiere zweifelhaft erscheint (Knape/Schönrock, S. 398, Rd Nr. 77).

erhebliche Schwierigkeiten = Sie können sich beispielsweise aus Einflüssen der Natur (z. B. Dunkelheit) oder durch das unkooperative Verhalten der Person selbst ergeben. Aber auch aus dem Verhalten anderer am Ort befindlicher Personen, ohne dass Maßnahmen gegen diese Abhilfe schaffen würden (in Anlehnung an Knape/Schönrock, S. 398 f., Rd Nr. 78 f.).

§ 16 VersG NRW: Aufnahmen und Aufzeichnung von Bild und Ton (§§ 12a, 19a VersG)

(1) Die zuständige Behörde darf Bild- und **Tonaufnahmen** sowie entsprechende **Aufzeichnungen** von einer Person **bei oder im Zusammenhang mit** einer öffentlichen Versammlung unter freiem Himmel anfertigen, wenn Tatsachen die Annahme rechtfertigen, dass von der Person bei oder im Zusammenhang mit der Versammlung eine **erhebliche Gefahr** für die öffentliche Sicherheit ausgeht, und die Maßnahmen **erforderlich** sind, um diese Gefahr abzuwehren.
Die Aufnahmen und Aufzeichnungen dürfen auch angefertigt werden, wenn andere Personen **unvermeidbar betroffen** werden.

(2) Die zuständige Behörde darf **Übersichtsaufnahmen** von öffentlichen Versammlungen unter freiem Himmel und ihrem Umfeld zur **Lenkung und Leitung** des Polizeieinsatzes anfertigen, wenn dies wegen der Größe oder **Unübersichtlichkeit** der Versammlung im Einzelfall erforderlich ist. Die **Übersichtsaufnahmen** dürfen **aufgezeichnet** werden, soweit Tatsachen die Annahme rechtfertigen, dass von Versammlungen, von **Teilen hiervon** oder ihrem **Umfeld** erhebliche Gefahren für die öffentliche Sicherheit ausgehen. Die **Identifizierung** einer auf den Übersichtsaufnahmen oder -aufzeichnungen abgebildeten Person ist nur zulässig, soweit die Voraussetzungen nach Absatz 1 vorliegen.
Der weitere Umgang mit den auf Grundlage einer Identifizierung erhobenen Daten bestimmt sich nach Maßgabe der Verordnung (EU) 2016/679 des Europäischen Parlaments und des Rates vom 27. April 2016 zum Schutz natürlicher Personen bei der Verarbeitung personenbezogener Daten, zum freien Datenverkehr und zur Aufhebung der Richtlinie 95/46/EG (Datenschutz-Grundverordnung) (ABl. L 119 vom 4.5.2016, S. 1, L 314 vom 22.11.2016, S. 72) in der jeweiligen Fassung, in Verbindung mit dem Datenschutzgesetz Nordrhein-Westfalen vom 17. Mai 2018 (GV. NRW S. 244) in der jeweils geltenden Fassung.

(3) Aufnahmen und Aufzeichnungen sind **offen** und unter strikter Beachtung des Verhältnismäßigkeitsgrundsatzes vorzunehmen. Die Versammlungsleitung ist unverzüglich über die Anfertigung von Übersichtsaufnahmen und -aufzeichnungen in Kenntnis zu setzen. **Verdeckte** Bild- und Tonaufnahmen oder entsprechende Aufzeichnungen sind nur zulässig, wenn anderenfalls Leben oder die körperliche Unversehrtheit der die Aufnahme oder Aufzeichnung durchführenden Personen gefährdet würde.

(4) Die von einer Aufzeichnung nach Absatz 1 oder Absatz 2 Satz 3 betroffene Person ist über die Maßnahme zu **unterrichten**, sobald ihre Identität bekannt ist und zulässige Verwendungszwecke nicht gefährdet sind. Soweit verdeckte Aufnahmen angefertigt worden sind und keine Mitteilung an die betroffene Person erfolgt, sind der Versammlungsleitung die Gründe für die Anfertigung der verdeckten Aufnahmen mitzuteilen, sobald zulässige Verwendungszwecke nicht gefährdet sind. Nachforschungen zur Feststellung der Identität einer Person sind nur vorzunehmen, wenn dies unter Berücksichtigung der Eingriffsintensität der Maßnahme gegenüber dieser Person, des Aufwands für die Feststellung ihrer Identität sowie der daraus für diese oder andere Personen folgenden Beeinträchtigungen geboten ist. Auf den Einsatz unbemannter, ferngesteuerter oder sich autonom bewegender Fluggeräte **(Drohnen)** ist in geeigneter, für die Versammlungsteilnehmenden erkennbarer Weise hinzuweisen.

(5) Die Aufzeichnungen dürfen auch verwendet werden

1. für die Verfolgung von Straftaten von Teilnehmerinnen und Teilnehmern,
2. zur Gefahrenabwehr, wenn von der betroffenen Person in oder im Zusammenhang mit der Versammlung die Gefahr einer Verletzung von Strafgesetzen ausging und zu besorgen ist, dass bei künftigen Versammlungen von dieser Person erneut die Gefahr der Verletzung von Strafgesetzen ausgehen wird,
3. zur befristeten Dokumentation des polizeilichen Handelns, sofern eine Störung der öffentlichen Sicherheit eingetreten ist oder
4. zum Zweck der polizeilichen Aus- oder Fortbildung.

(6) Die Aufzeichnungen sind nach Beendigung der Versammlung oder zeitlich und sachlich damit unmittelbar im Zusammenhang stehender Ereignisse unverzüglich zu **vernichten**. Dies gilt nicht, soweit sie für die in Absatz 5 aufgeführten Zwecke benötigt werden. Aufzeichnungen, die für die Zwecke des Absatzes 5 verwendet werden, sind ein Jahr nach ihrer Anfertigung zu vernichten, sofern sie nicht Gegenstand oder Beweismittel eines Rechtsbehelfs oder gerichtlichen Verfahrens sind.

(7) Soweit Aufzeichnungen zur polizeilichen Aus- und Fortbildung verwendet werden, ist hierzu eine eigene Fassung herzustellen, die eine Identifizierung der darauf abgebildeten Personen unumkehrbar ausschließt. Die Herstellung einer solchen Fassung ist nur innerhalb eines Zeitraums von einem Monat nach Beendigung der Versammlung zulässig. Die ursprüngliche Aufzeichnung ist unverzüglich nach der Herstellung der Fassung im Sinne des Satzes 1 zu vernichten.

(8) Die Gründe für die Anfertigung von Bild-, Ton- und Übersichtsaufzeichnungen nach Absatz 1 und 2 und für ihre Verwendung nach Absatz 5 sind schriftlich oder elektronisch zu **dokumentieren**. Werden von Aufzeichnungen eigene Fassungen nach Absatz 7 hergestellt, sind die Anzahl der hergestellten Fassungen sowie der Ort der Aufbewahrung zu dokumentieren.

Quelle: DS 17/12423, S. 16–18; DS 17/15821, S. 2–3, Nr. 11.

Aktuell ist die Rechtslage im § 12a und § 19a VersG geregelt. Der § 16 VersG NRW regelt die Zulässigkeit von Aufnahmen und Aufzeichnungen in Bild und Ton bei öffentlichen Versammlungen unter freiem Himmel. Er folgt in seinem ersten Entwurf in Teilen dem diesbezüglichen Vorschlag des AK VR. Nach der Sachverständigenanhörung werden durch den Gesetzgeber die öffentliche Ordnung als Schutzzweck gestrichen sowie an verschiedenen Stellen Klarstellungen zu den Datenschutzrechten der Bürger eingeführt (DS 17/15821, S. 9, zu Nr. 11).

Der mit solchen Aufnahmen/Aufzeichnungen immer einhergehende informationelle Eingriff in die Versammlungsfreiheit wäre in Bezug auf die sog. „innere Versammlungsfreiheit“ von erheblichem Gewicht. Die Neureglungen sind daher präziser und umfänglicher als bisher. Sie sollen einen Ausgleich zwischen den legitimen Interessen der Versammlungsteilnehmer an einer anonymen Teilnahme und den Anforderungen sachgerechter polizeilicher Aufgabenerfüllung schaffen.

In Paragraf 16 wird zwischen Aufnahmen und Aufzeichnungen sowie zwischen solchen von einzelnen Versammlungsteilnehmern und Übersichtsaufnahmen oder -aufzeichnungen differenziert. Er enthält den Grundsatz des „offenen Handelns“ für die Polizei und eine Regelung für die „Zweckänderung“ von Daten. Die Vorschrift verdrängt bei Versammlungen als lex specialis die Regelung im § 15c PolG NRW zum Einsatz sog. „Body-Cams“ sowie ggf. die Videoüberwachung zur optisch-technischen Überwachung eines bestimmten Ortes nach § 15a PolG NRW.

Insgesamt erlaubt der § 16 mit dem ersten Absatz Bild- und Tonaufzeichnungen zur Gefahrenabwehr, im zweiten Absatz zur Lenkung und Leitung bei großen Versammlungen als Übersichtsaufnahmen und Übersichtsaufzeichnungen und enthält in den weiteren Absätzen bestimmte Formvorschriften (DS 17/12423, S. 72 f., zu § 16; AK VR, S. 71 f., Nr. I).

Zu Abs. 1

Im ersten Satz des ersten Absatzes sind die Anforderungen an die Anfertigung von Bild- und Tonaufnahmen (Kamera-Monitor-Übertragung) sowie zur Bild-

und Tonaufzeichnung (Speicherung der Aufnahmen) zur Gefahrenabwehr geregelt. Erforderlich ist danach eine erhebliche Gefahr für die öffentliche Sicherheit oder Ordnung. Die Maßnahmen können insofern zur Gefahrenabwehr beitragen, da von ihnen eine abschreckende Wirkung auf potenzielle Störer ausgeht (DS 17/12423 S. 74, zu § 16 I; AK VR, S. 73, Nr. 1).

Aufnahme = Sie umfasst solche Vorgänge, die es durch technische Einrichtungen ermöglichen, gewonnene Aufnahmen auf ein dafür eingerichtetes Medium zu überspielen und sie dadurch dort für kurze Zeit wahrnehmbar zu machen (Knape/Schönrock, S. 454 f., Rd Nr. 11), die sog. „Kamera-Monitor-Übertragung".

Aufzeichnung = Sie ist die auf gewisse Dauer angelegte Fixierung (Speicherung) personenbezogener Daten auf einem bestimmten Datenträger, z. B. durch Videogeräte oder Kameras (Knape/Schönrock, S. 429 f., Rd Nr. 7 f.), sog. „Aufnahmenspeicherung".

bei oder im Zusammenhang mit = Unstrittig ist, dass der Zeitraum vom offiziellen Beginn bis zur offiziellen Beendigung der Versammlung (bei einer ...) sowie die An- und Abmarschphase (im Zusammenhang mit ...) erfasst wird. Strittig ist, ob auch die organisatorische Vorbereitungsphase darunterfällt (Dietel u. a., S. 216, Nr. 2).

erhebliche Gefahr = Sie setzt die (konkrete) Gefahr für ein bedeutsames Rechtsgut, wie Leben, Gesundheit, Freiheit, wesentliche Vermögenswerte oder den Bestand des Staates, voraus (Clemens Arzt [Breitbach/Deiseroth], S. 965, Rd Nr. 28).

erforderlich = Eine „[...] Maßnahme ist erforderlich, wenn [...] keine andere, gleich wirksame, aber die Grundrechte des Betroffenen nicht oder doch weniger fühlbar einschränkende Maßnahme [...]." (Knape/Schönrock, S. 208, Rd Nr. 12) zur Verfügung steht.

In Satz 2 des ersten Absatzes wird klargestellt, dass Aufnahmen von Personen auch dann zulässig sind, wenn andere unbeteiligte Personen als eine Art „Nebenprodukt" aufgenommen werden.

unvermeidbar betroffen = Solche anderen Personen sind unbeteiligte Dritte, die sich am Einsatzort aufhalten, von denen jedoch selbst keine Gefahr ausgeht. Ihre Aufnahme ist unvermeidbar, wenn die Aufnahme nur dann möglich ist, wenn mindestens eine dritte Person mit aufgenommen wird (Reuter/Knape, S. 358).

Zu Abs. 2

Der zweite Absatz schafft mit seinem ersten Satz erstmals eine eigenständige Rechtsgrundlage für Übersichtsaufnahmen. Für diese ist keine Gefahrenlage erforderlich. Sie müssen vielmehr der Lenkung und Leitung des Polizeieinsatzes dienen, wenn dies wegen der Größe oder Unübersichtlichkeit der Versammlung im Einzelfall erforderlich ist.

Übersichtsaufnahme = Das sind solche, die keine bestimmten teilnehmenden Personen aufnehmen. Die Aufnahme dient dazu, der Einsatzleitung einen Überblick über das Versammlungsgeschehen im Hinblick auf ggf. erforderliche polizeiliche Lenkungs- und Leitungsmaßnahmen zu verschaffen (Dietel u. a., S. 212 f., Buchst. aa; Gesetzestext).

Die Begriffe Lenkung und Leitung werden im Gesetzgebungsverfahren nicht näher erläutert. Sie beziehen sich laut Gesetzestext allerdings auf den Polizeieinsatz. Daher lässt sich folgendes Begriffsverständnis herleiten:

Lenkung = Die Übersichtsaufnahmen sollen ggf. eine erforderliche und zeitnahe polizeiliche Einflussnahme auf bereits gezeigtes Verhalten von Versammlungsteilnehmern und Unbeteiligten ermöglichen (nachträgliche strategisch-taktische Lagebewältigung).

Leitung = Die Übersichtsaufnahmen sollen ggf. eine erforderliche und vorausschauende polizeiliche Einflussnahme auf ein potenziell mögliches Verhalten von Versammlungsteilnehmern und Unbeteiligten ermöglichen (vorherige strategisch-taktische Lagebewältigung).

unübersichtlich = Ist eine Versammlung, wenn die Kriterien des § 16 II Satz 1 VersG NRW im konkreten Einzelfall erfüllt sind. Dies ist der Fall, wenn die Versammlung wegen ihrer Größe oder aufgrund ihres Ablaufes keinen unmittelbaren Überblick ermöglicht (vgl. Gesetzestext).

Der zweite Satz regelt den Fall, dass die Übersichtsaufnahmen aufgezeichnet werden sollen. Dies setzt voraus, dass von der Versammlung oder Teilen davon oder aus ihrem Umfeld eine erhebliche Gefahr für die öffentliche Sicherheit ausgeht.

Übersichtsaufzeichnung = Die Aufzeichnung (vgl. oben, S. 92) der Übersichtsaufnahme zur Dokumentation der von der Versammlung, Teilen davon oder von ihrem Umfeld ausgehenden erheblichen Gefahren für die öffentliche Sicherheit.

Teile einer Versammlung = Nicht von der Versammlung insgesamt oder von einzelnen Personen, sondern von einer Gruppe innerhalb der Versammlung geht die Gefahr aus.

Umfeld der Versammlung = Der Bereich in räumlicher Nähe der Versammlung.

Im dritten Satz ist geregelt, dass eine Identifizierung einzelner Personen auf diesen Übersichtsaufnahmen oder -aufzeichnungen nur dann zulässig ist, wenn die Voraussetzungen des Abs. 1 erfüllt sind (DS 17/12423 S. 74, zu § 16 II; AK VR, S. 73 f., Nr. 2).

Identifizierung = Die Feststellung der Identität (vgl. oben, § 15) einer Person.

Mit dem vierten Satz wird der weitere Umgang mit den auf Grundlage einer Identifizierung erhobenen Daten nach Maßgabe der geltenden Datenschutzbestimmungen, der EU-Verordnung zur Aufhebung der Datenschutz-Grundverordnung und des Datenschutzgesetzes NRW ermöglicht.

Sonstige polizeiliche Aufnahmen, z. B. zur Öffentlichkeitsarbeit oder Abbildungen einzelner Personen in sozialen Netzwerken, sind unzulässig. Auch wenn das Filmen durch die Polizei zulässig ist, sollte es grundsätzlich die Ausnahme bleiben und sich zurückhaltend gestalten, sodass Einschüchterungseffekte unterbleiben.

Zu Abs. 3

Im ersten Satz des dritten Absatzes wird der Vorrang einer offenen Datenerhebung, wie er allgemeinen datenschutzrechtlichen Grundsätzen entspricht, manifestiert. Durch die Offenheit soll bereits dem Anschein des „Schnüffelns“ entgegengewirkt werden.

offen = Für den/die Betroffenen ist die Aufnahme/Aufzeichnung durch die Polizei als solche erkennbar (Dietel u. a., S. 213–215, Buchst. bb).

Zusätzlich wird deklaratorisch auf die strikte Beachtung des Verhältnismäßigkeitsgrundsatzes hingewiesen.

Der zweite Satz stellt klar, dass dies auch für Übersichtsaufnahmen und -aufzeichnungen gilt. Daher ist die Versammlungsleitung über solche Maßnahmen unverzüglich in Kenntnis zu setzen. Das Merkmal der Unverzüglichkeit soll sicherstellen, dass die Information der Leitung einerseits zeitnah erfolgt, andererseits aber auch, dass die Maßnahmen selbst nicht durch die Mitteilung an die Leitung in ihrer Effektivität verzögert werden.

Im dritten Satz wird eine verdeckte Aufzeichnung nur dann aus Gründen der Eigensicherung zugelassen, sofern ein offenes Tätigwerden zu einer Gefährdung von Leib oder Leben der aufnehmenden Beamten führen würde (DS 17/12423, S. 74 f., zu § 16 III; AK VR, S. 74, Nr. 3).

verdeckt = Die aufnehmenden/aufzeichnenden Polizeibeamten sind als solche für den/die Betroffenen nicht erkennbar (Dietel u. a., S. 213–215, Buchst. bb).

Zu Abs. 4

Der vierte Absatz enthält spezielle Unterrichtungspflichten über Aufzeichnungen von identifizierten Personen. Selbst wenn die Daten offen erhoben worden sind, ist dies keine Garantie dafür, dass der Betroffene dies auch wahrgenommen hat. Zudem kann er auch nicht wissen, ob er dann tatsächlich aufgezeichnet wurde. Sofern der Betroffene später von der Polizei identifiziert wird, ist ihm dies mitzuteilen.

Die im ersten Satz manifestierte Mitteilungspflicht trägt zur Offenheit der Maßnahme bei, sichert Rechtsschutzmöglichkeiten Betroffener und ihre datenschutzrechtlichen Sekundäransprüche, z. B. zur Datenlöschung. Sie gilt nicht, solange dadurch der zulässige Verwendungszweck der Daten gefährdet würde.

unterrichten = Betroffene sind, sobald ihre Identität feststeht und keine Gefährdung der im 5. Absatz aufgeführten zulässigen Verwendungszwecke besteht, über die Aufzeichnung in Kenntnis zu setzen (vgl. Gesetzestext).

In Satz 2 ist bestimmt, dass bei verdeckten Aufnahmen, ohne Mitteilung an die betroffenen Personen, die Versammlungsleitung über die Gründe für die Aufnahmen in Kenntnis zu setzen ist. Auch hier gilt dies nicht, solange dadurch der zulässige Verwendungszweck der Daten gefährdet würde.

Aus der Vorschrift ergibt sich allerdings keine polizeiliche Pflicht, alle aufgenommenen Personen auch zu individualisieren. Dies würde den Grundrechtseingriff unnötig vertiefen. Satz 3 stellt daher klar, dass polizeiliche Nachforschungen zur Feststellung der Identität einer Person nur vorzunehmen sind, wenn dies unter Berücksichtigung der Eingriffsintensität der Maßnahme gegenüber dieser Person, des Aufwands für die Feststellung ihrer Identität sowie der daraus für diese oder andere Personen folgenden Beeinträchtigungen geboten ist (DS 17/12423, S. 75, zu § 16 IV; AK VR, S. 74 f. Nr. 4).

Im nach der Sachverständigenanhörung eingefügten Satz 4 wird bestimmt, dass auf den Einsatz von sog. Drohnen in geeigneter und für die Versammlungsteilnehmer erkennbarer Weise hinzuwirken ist.

Drohnen = Das sind alle unbemannten, ferngesteuerten oder sich autonom bewegende Fluggeräte (vgl. IV Absatz des Gesetzestextes).

Zu Abs. 5

Im fünften Absatz ist die Zweckänderung von aufgezeichneten Daten geregelt. Auch bei geändertem Zweck muss grundsätzlich ein versammlungsspezifischer Bezug vorliegen. Die jeweilige Verwendung der Daten bei Zweckänderung richtet sich dann nach den einschlägigen Gesetzen zur Strafverfolgung oder Gefahrenabwehr. Der geänderte Zweck darf dabei ausschließlich der Verfolgung von Straftaten, der Gefahrenabwehr, der Dokumentation oder der Aus-/Fortbildung dienen.

So lässt die Nr. 1 eine Verwendung der Daten zur Verfolgung von Straftaten durch die Teilnehmer zu.

Die Nr. 2 ermöglicht die Verwendung zur Gefahrenabwehr von Straftaten, wenn zu besorgen ist, dass von der Person bei zukünftigen Versammlungen erneut die Gefahr weiterer Straftaten ausgehen könnte. Der Begriff „zu besorgen" bedeutet, dass diesbezüglich eine sog. „Gefahrenprognose" zu erfolgen hat (vgl. S. 74 f.).

Nr. 3 sieht aus Eigenschutzgründen die befristete Dokumentation des polizeilichen Einsatzes vor, falls bei der Versammlung eine Störung der öffentlichen Sicherheit im Sinne des Polizeirechts eingetreten ist. Eine solche Dokumentation kann dann beispielsweise zur gerichtlichen Klärung des Sachverhalts herangezogen werden.

Nach der Nr. 4 ist daneben eine Verwendung der Aufzeichnungen zur polizeilichen Aus- und Fortbildung möglich. Diese dient der Professionalisierung des polizeilichen Handelns bei Versammlungen und liegt sowohl im Interesse der Polizei als auch aller potenziellen Versammlungsteilnehmer (DS 17/12423, S. 75, zu § 16 V; AK VR, S. 75, Nr. 5).

Zu Abs. 6

Der sechste Absatz stellt klar, dass grundsätzlich alle anlässlich einer Versammlung erfolgten Aufzeichnungen unverzüglich zu vernichten sind.

vernichten = Der Begriff entspricht inhaltlich dem Begriff der „Datenlöschung" und meint das Unkenntlichmachen gespeicherter personenbezogener Daten, was ihre weitere Kenntnisnahme durch die Behörde unmöglich macht (Clemens Arzt [Breitbach/Deiseroth], S. 972, Rd Nr. 53).

Nur soweit sie noch für die abschließend aufgeführten Zwecke nach Absatz 5 benötigt werden, kann von einer solchen Löschung abgesehen werden.

Dieser „Aufschub" gilt jedoch für maximal ein Jahr, sofern die Aufzeichnungen zwischenzeitlich nicht Gegenstand oder Beweismittel eines Rechtsbehelfs oder gerichtlichen Verfahrens geworden sind. Der gewählten Jahresfrist liegt die Annahme zugrunde, dass innerhalb dieser Zeit ausreichend Gelegenheit besteht, die Daten in ein Strafverfahren einzubringen oder sie bei Rechtsmitteln gegen Verwaltungsakte, unter Beachtung der Rechtsmittelfrist von einem Jahr, zu verwenden (DS 17/12423, S. 75, zu § 16 VI; AK VR, S. 75, Nr. 6).

Zu Abs. 7

Im siebten Absatz ist festgelegt, dass bei Aufzeichnungen, die für Zwecke der polizeilichen Aus- und Fortbildung eingesetzt werden sollen, eine gesonderte Fassung herzustellen ist. Diese muss eine Identifizierung von Teilnehmern unmöglich machen. Die Regelung dient dem Schutz der Anonymität der Versammlungsteilnehmer. Nach lückenloser und unumkehrbarer Anonymisierung einzelner Personen dürfen die Aufzeichnungen zeitlich unbeschränkt für die Aus- und Fortbildung genutzt werden.

Eine solche Fassung für die Aus- oder Fortbildung muss innerhalb eines Monats nach Beendigung der Versammlung hergestellt werden.

Die ursprüngliche Aufzeichnung ist nach dieser Herstellung unverzüglich zu vernichten (DS 17/12423, S. 75, zu § 16 VII; AK VR, S. 75, Nr. 7).

Zu Abs. 8

Die im achten Absatz geregelte Dokumentationspflicht für alle Aufzeichnungen, also Bild, Ton und Übersicht, soll die Behörde dazu „zwingen", die Anordnungsgründe zu benennen und darzulegen. Dies führt zu einer Auseinandersetzung mit der konkreten Situation und beugt pauschalen Erfahrungsurteilen vor. Es dient aber auch einer besseren internen datenschutz- und dienstaufsichtsrechtlichen Kontrolle. Daneben kann ggf. die Rechtmäßigkeit im Rahmen von Rechtsbehelfen und gerichtlichen Verfahren nachvollzogen werden.

Sofern Fassungen für die Aus- oder Fortbildung gem. Absatz 7 hergestellt werden, sind deren Anzahl sowie der Ort der Aufbewahrung zu dokumentieren (DS 17/12423, S. 75, zu § 16 VIII; AK VR, S. 76, Nr. 8).

dokumentieren = Die schriftliche oder elektronische Benennung und Darlegung der Anordnungsgründe für die Anfertigung und Verwendung der Bild-, Ton- und Übersichtsaufnahmen (Herleitung aus Absatz 8). Bei Fassungen für die Aus-/Fortbildung sind zusätzlich Anzahl und Aufbewahrungsort zu benennen.

§ 17 VersG NRW: Vermummungs- und Schutzausrüstungsverbot (§ 17a VersG)

(1) Es ist verboten, bei oder im Zusammenhang mit einer öffentlichen Versammlung unter freiem Himmel oder einer sonstigen öffentlichen Veranstaltung unter freiem Himmel **Gegenstände** am Körper zu **tragen** oder mit sich zu führen,

1. die zur **Identitätsverschleierung geeignet und** den Umständen nach **darauf gerichtet** sind, eine zu Zwecken der Verfolgung einer Straftat oder einer Ordnungswidrigkeit durchgeführte Feststellung der Identität zu verhindern, oder
2. die als **Schutzausrüstung** geeignet und den Umständen nach darauf gerichtet sind, Vollstreckungsmaßnahmen eines Trägers von Hoheitsgewalt abzuwehren.

(2) Die zuständige Behörde trifft zur Durchsetzung des **Verbots Anordnungen**, in denen die vom Verbot erfassten Gegenstände bezeichnet sind.

Quelle: DS 17/12423, S. 18.

Der § 17 VersG NRW umfasst das sog. „Vermummungs-“ und das sog. „Schutzausrüstungsverbot“, die derzeit im § 17a VersG geregelt sind. Dabei wird der diesbezügliche Vorschlag des AK VR fast wortgleich übernommen. Die Verbote gelten für Versammlungen im Sinne des Art. 8 Grundgesetz sowie für alle sonstigen öffentlichen Veranstaltungen unter freiem Himmel.

Der in Teilen der Literatur vertretenen Auffassung, dass jegliche Maßnahme des Identitätsschutzes oder des Schutzes vor Körperverletzungen in Versammlungen illegitim wäre, folgt der Gesetzgeber richtigerweise nicht. Dies würde dem durch das GG gewährten Freiheitsschutz widersprechen (DS 17/12423, S. 76, zu § 17; AK VR, S. 77, Nr. II). Zur Versammlungsfreiheit gehört grundsätzlich auch das Mitführen von Gegenständen, die Anonymität ermöglichen, oder von solchen, die dem Schutz vor Verletzungen durch Dritte dienen. Allerdings gilt dies nur für das zum Rechtsgüterschutz Erforderliche und Angemessene (AK VR, S. 77 f., Nr. 1, Buchst. a + b).

Zu Abs. 1

In der Nr. 1 des ersten Absatzes ist das sog. „Vermummungsverbot“ erfasst. Es gilt für die Versammlung selbst (bei der ...), aber auch bereits auf dem Weg zur Versammlung (im Zusammenhang mit ...). Das Verbot betrifft jedoch nur bestimmte Arten der Vermummung, nämlich solche, die für eine Identitätsverschleierung geeignet sind und auch mit dieser Absicht gegenüber Verfolgungsbehörden genutzt werden. Die bloße Vermummung zur Unkenntlichmachung der Person, um z. B. negative berufliche Folgen wegen der Teilnahme an einer Versammlung zu vermeiden, wird davon nicht erfasst (DS 17/12423, S. 76, zu § 17 I Nr. 1).

Gegenstände zur Identitätsverschleierung = Alle „Sachen", die die Identifizierung der eigenen Person durch sog. ***Vermummung*** verhindern können.

> ***Vermummung*** = Die identitätsverschleiernde Aufmachung durch Unkenntlichmachung des Gesichts mittels völliger oder teilweiser Verhüllung oder auch künstlicher Veränderung (z. B. Verkleidung, Maskierung, Bemalung) (Dietel u. a., S. 357, Rd Nr. 29; Ulrike Lembke [Breitbach/Deiseroth], S. 925, Rd Nr. 61).

für Identitätsverschleierung geeignet = Die Gegenstände müssen objektiv zwecktauglich sein, die eigene Identität zu verschleiern (Brenneisen u. a., S. 248).

auf Identitätsverschleierung gerichtet = Die Gegenstände müssen den Umständen nach in der subjektiven Absicht genutzt werden, die Feststellung der eigenen Identität zum Zwecke der Verfolgung einer Straftat oder Ordnungswidrigkeit zu verhindern (§ 17 I, Nr. 1; Brenneisen u. a., S. 249, Nr. 4.2.1).

Die Nr. 2 im ersten Absatz verbietet das Tragen bzw. Mitführen sog. „Schutzausrüstung" bei der und auf dem Weg zur Versammlung. Auch hier werden nur bestimmte Arten von Schutzausrüstung erfasst, nämlich nur solche, die vor polizeilichen Vollstreckungsmaßnahmen schützen sollen. Das Tragen geeigneter Bekleidung, die mögliche Risiken der Verletzung durch andere Versammlungsteilnehmer oder Dritte vermindert, ist davon nicht erfasst (DS 17/12423, S. 76, zu § 17 I Nr. 2; AK VR, S. 78 f., Buchst. c).

Gegenstände als Schutzausrüstung = Dazu zählen alle Sachen, die dem Schutz des Körpers vor gewaltsamen Eingriffen dienen können (Brenneisen u. a., S. 255, Nr. 51).

als Schutzausrüstung geeignet = Die Gegenstände müssen objektiv zwecktauglich sein, dem Schutz des eigenen Körpers vor gewaltsamen Eingriffen zu dienen (Brenneisen u. a., S. 255, Nr. 5.1).

darauf gerichtet, als Schutzausrüstung zu dienen = Die Gegenstände müssen den Umständen nach in der subjektiven Absicht genutzt werden, Vollstreckungsmaßnahmen eines Trägers von Hoheitsgewalt abzuwehren (§ 17 I, Nr. 2; Brenneisen u. a., S. 249, Nr. 4.2.1).

tragen = Mit den Gegenständen im ersten Fall die sog „Augen-Nase-Mund-Partie" abdecken (Brenneisen u. a., S. 248; Ulrike Lembke [Breitbach/Deiseroth], S. 925, Rd Nr. 61) und sie im zweiten Fall als Bekleidung verwenden. Beim dritten Fall, dem § 18, wird die Bekleidung des Körpers mit einer „Uniformierung“ (Uniform, Uniformteile, uniformähnliche Kleidungsstücke) erfasst.

Zu Abs. 2

Der zweite Absatz enthält die Rechtsgrundlage für die Versammlungsbehörde, Anordnungen, in denen die vom Verbot erfassten Gegenstände bezeichnet sind, zur Durchsetzung des Verbots der Vermummung und der Schutzausrüstung zu erlassen. Der bestehende Grundkonflikt, wann eine mitgeführte „Vermummung“ oder eine „Schutzausrüstung“ im konkreten Einzelfall noch als grundrechtskonform anzusehen ist bzw. wann nicht, soll dadurch gemildert werden.

Die Behörde erlässt dazu konkretisierende Anordnungen, aus denen Versammlungsteilnehmer entnehmen können, durch welche Maßnahmen sie eine Verletzung des Verbots vermeiden. Bei Missachtung müssen sie nach § 15 II mit einem Ausschluss von der Versammlung rechnen. Es handelt sich für die Behörde um eine sog. „Muss-Vorschrift“.

In rechtsstaatlicher Hinsicht (Bestimmtheit, Rechtssicherheit) kommt dieser Befugnis der Behörde eine besondere Bedeutung zu. Ohne eine solche Konkretisierung sind Eingriffe zur Durchsetzung der Verbote ausgeschlossen (DS 17/12423, S. 76, zu § 17 II; AK VR, S. 79, Nr. 2 + 3).

Verbotsanordnung = Befugnis der Versammlungsbehörde, die grundsätzlichen Verbote der Vermummung und der Schutzausrüstung im Einzelfall dadurch zu konkretisieren, die Gegenstände, welche unter die Verbote fallen, zu benennen (§ 17 II VersG NRW).

§ 18 VersG NRW: Gewalt- und Einschüchterungsverbot (§ 3 VersG)

(1) Es ist verboten, eine öffentliche Versammlung unter freiem Himmel oder eine sonstige öffentliche Veranstaltung unter freiem Himmel zu veranstalten, zu leiten oder an ihr teilzunehmen, wenn diese infolge des **äußeren Erscheinungsbildes**

1. durch das Tragen von **Uniformen** oder **Uniformteilen** oder **uniformähnlichen Kleidungsstücken** oder
2. durch ein **paramilitärisches Auftreten**

Gewaltbereitschaft vermittelt und dadurch **einschüchternd wirkt**.

(2) Die zuständige Behörde trifft zur Durchsetzung des Verbots Anordnungen, in denen die vom Verbot erfassten Gegenstände oder Verhaltensweisen bezeichnet sind.

Quelle: DS 17/12423, S. 19; DS 17/15821, S. 3, Nr. 12.

In § 18 VersG NRW möchte der Gesetzgeber in seinem ersten Entwurf das sog. „Militanzverbot" regeln. Derzeit ist im § 3 VersG nur das Tragen von Uniformen, Uniformteilen oder gleichartigen Kleidungsstücken in der Öffentlichkeit oder in einer Versammlung nur dann untersagt, wenn es Ausdruck einer gemeinsamen politischen Gesinnung ist und suggestiv-militante Wirkung entfaltet. Es besteht jedoch kein Verbot, mit oder ohne Uniform, bzgl. eines einschüchternden oder militanten Auftretens und Agierens. Daher ist eine diesbezügliche Erweiterung erforderlich (DS 17/12423, S. 77; AK VR, S. 80 Nr. II).

Nach der Sachverständigenanhörung wird der Begriff „Militanz" durch die Formulierung „Gewalt- und Einschüchterungsverbot" präzisiert. Die bisherige Rechtsprechung hat das „Uniformverbot" des § 3 VersG dahin gehend ausgelegt, dass dabei Gewaltbereitschaft vermittelt werden muss, wodurch sich eine einschüchternde Wirkung entfaltet (DS 17/15821, S. 9, zu Nr. 12). Verstöße gegen das „Gewalt- und Einschüchterungsverbot" können nach § 28 VersG NRW als Ordnungswidrigkeit geahndet werden (AK VR, S. 82, Nr. 3).

Der Gesetzgeber übernimmt im § 18 VersG NRW fast wortgleich den Vorschlag des AK VR (DS 17/12423, S. 76, zu § 18). Ein Verstoß gegen das Gewalt-/Einschüchterungsverbot ist für den Gesetzgeber so gravierend, dass es sowohl für öffentliche Versammlungen unter freiem Himmel als auch für öffentliche Veranstaltungen unter freiem Himmel Anwendung finden soll (DS 17/12423, S. 76, zu § 18). Es gilt jedoch nicht für Versammlungen in geschlossenen Räumen. Für diese besteht keine zwingende Notwendigkeit einer solchen Regelung. Eine Einschüchterung der zufällig Anwesenden oder derjenigen, die die Veranstaltung gezielt aufsuchen, dürfte durch den begrenzten Personenkreis kaum vorkommen (DS 17/12423, S. 77, zu § 18).

Zu Abs. 1

Nach § 18 Absatz 1 ist es verboten, eine öffentliche Versammlung unter freiem Himmel oder eine sonstige öffentliche Veranstaltung unter freiem Himmel zu veranstalten, zu leiten oder an ihr teilzunehmen, wenn diese infolge des äußeren Erscheinungsbildes Gewaltbereitschaft vermittelt und dadurch einschüchternd wirkt.

Äußere Erscheinungsbild = Ein Ensemble aus gleichartiger Kleidung (z. B. komplette schwarze Kleidung, Springerstiefel, Bomberjacken) verbunden mit einheitlichem Verhalten (z. B. Marschtritt, Trommelschlagen, Fahnen, Block-Bildung) (DS 17/12423, S. 77, zu § 18).

Gewaltbereitschaft vermitteln = „Wer [...] ein aggressives und provokatives [...] Verhalten [...] (zeigt, d. Verf.) [...] und (dadurch, d. Verf.) Einschüchterungswirkungen erzeugt [...]" (mit Hinweis auf BverfG AK VR, S. 80 Nr. I).

einschüchternd wirken = Wer durch Gleichförmigkeit des Erscheinungsbildes und durch subjektives Auftreten Gewaltbereitschaft demonstriert (a. a. O.).

Die Frage, ob eine Einschüchterungswirkung gegeben ist, ist eine Tatfrage. Die Polizei muss daher das Auftreten beobachten, qualifizieren und gerichtsfest dokumentieren. Es genügt nicht, dass das Auftreten mit der für Versammlungen typischen physischen Präsenz vieler Menschen oder mit typischen Kundgabeformen, wie gemeinsames Skandieren von Parolen, verbunden ist. Erforderlich ist ein deutlich darüber hinausgehendes, infolge des äußeren Erscheinungsbildes Gewaltbereitschaft vermittelndes Verhalten (DS 17/12423, S. 77, zu § 18).

Von der Nummer 1 wird nicht die alleinige „Uniformierung", also das Tragen von Uniformen, Uniformteilen oder uniformähnlichen Kleidungsstücken, als solche erfasst. Neben dieser Gleichförmigkeit der Bekleidung bedarf es zusätzlich einer durch Gewaltbereitschaft erzielten Einschüchterungswirkung (DS 17/12423, S. 77, zu § 18).

Uniform = Eine „[...] gleichartige Kleidung, die nach Form, Farbe, Schnitt und sonstiger Aufmachung in Form von Besatz, Kordeln, Knöpfen etc. von der allgemein üblichen zivilen (im Original in Anführungszeichen) Kleidung abweicht." (Dietel u. a., S. 148, Rd Nr. 4).

Uniformteile = Dies „[...] sind Kleidungsstücke, die von jedem objektiven Betrachter ohne Schwierigkeiten wegen ihrer Gleichartigkeit als Bestandteil einer Uniform erkannt werden können." (Dietel u. a., S. 148, Rd Nr. 5).

Uniformähnliche Kleidungsstücke = Dies sind „[...] Kleidung und Kleidungsbestandteile jeder Art, die sich durch Gleichförmigkeit auszeichnen und damit ihrem Charakter nach Uniformen oder Uniformteilen entsprechen [...]." (Dietel u. a., S. 148, Rd Nr. 5).

Von der Nummer 2 wird das paramilitärische Auftreten erfasst. Dies ist den Erfahrungen aus der Weimarer Republik geschuldet, als paramilitärische Verbände der Rechten und Linken die junge Demokratie durch Straßenterror destabilisiert haben (DS 17/12423, S. 77, zu § 18).

Paramilitärische Auftreten = Es ist „[...] eine suggestiv-militante, aggressionsstimulierende und einschüchternde Wirkung [...], (die d. Verf.) bei Außenstehenden den Eindruck von Gewalt- und Kampfbereitschaft erzeugt." (unter Hinweis auf BverfG: Dietel u. a., S. 151, Rd Nr. 21).

Im Gesetzentwurf ist als Auffangtatbestand noch ein Verhalten „in vergleichbarer Weise" vorgesehen. Nach der Sachverständigenanhörung wird dieser ersatzlos gestrichen. Der Gesetzgeber schließt sich damit den geäußerten Bedenken hinsichtlich einer möglichen unbestimmten Ausweitung des Gesetzes in der Praxis an (DS 17/15821, S. 9, zu Nr. 12).

Zu Abs. 2

Der zweite Absatz bestimmt, dass die zuständige Behörde Anordnungen zur Durchsetzung des Verbots trifft, in denen die vom Verbot erfassten Gegenstände oder Verhaltensweisen bezeichnet sind. Sie ist das Pendant zum § 17 II VersG NRW. Das Gewalt-/Einschüchterungsverbot im § 18 dient dem Schutz Dritter. Um eine Einschüchterung dieser Personen zu vermeiden, genügt der Begriff für sich allein nicht. Auch lassen die dazu gemachten Ausführungen im Gesetzestext noch zu viel Interpretationsspielraum. Es bedarf daher konkreter Ausführungen zu den Verboten, die die Versammlungsbehörde in Form von „Anordnungen" macht.

Sofern einzelne Personen in der Versammlung diese Anordnungen missachten, können sie gem. § 14 II von ihr ausgeschlossen werden. Erst wenn dies nicht genügt, die Einhaltung der Verbote zu sichern, kommen Verbot oder Auflösung gem. § 13 VersG NRW der gesamten Versammlung in Betracht (AK VR S. 81, Nr. 1 + 2).

§ 19 VersG NRW: Symbolträchtige Orte und Tage (§ 15 II VersG)

(1) Die zuständige Behörde kann die Durchführung einer Versammlung unter freiem Himmel beschränken oder verbieten, die Versammlung nach deren Beginn auch auflösen, wenn

1. die Versammlung an einem Ort stattfindet, der als **Gedenkstätte** von historisch herausragender überregionaler Bedeutung an die Opfer der menschenunwürdigen Behandlung unter der nationalsozialistischen Gewalt- oder Willkürherrschaft erinnert, oder an einem **Tag** stattfindet, der zum **Gedenken** an die Opfer der menschenunwürdigen Behandlung unter der nationalsozialistischen Gewalt- und Willkürherrschaft bestimmt ist, und

2. nach den zur Zeit des Erlasses der Verfügung erkennbaren Umständen die unmittelbare Gefahr besteht, dass durch die Versammlung die **nationalsozialistische Gewalt- und Willkürherrschaft gebilligt, verherrlicht** oder **gerechtfertigt** und dadurch der **öffentliche Friede gestört** wird. Geschützte Orte nach Satz 1 und ihre räumliche Abgrenzung können durch Rechtsverordnung bestimmt werden. Geschützte Tage nach Satz 1 sind der 27. Januar und der 9. November.

(2) Verbot oder Auflösung setzen voraus, dass Beschränkungen nicht ausreichen.

Quelle: DS 17/12423, S. 19–20; DS 17/15821, S. 3, Nr. 13.

Der § 19 VersG NRW weist der Versammlungsbehörde für bestimmte Fälle die Möglichkeit zu, gegen Versammlungen unter freiem Himmel an sog. „Gedenkstätten" bzw. „Gedenktagen" der nationalsozialistischen Gewalt- und Willkürherrschaft vorzugehen. Er entspricht im Wesentlichen dem Vorschlag des AK VR. Im derzeitigen Versammlungsgesetz ist diese Möglichkeit im § 15 II geregelt.

Die Novellierung soll die Störung des öffentlichen Friedens durch das Billigen, Verherrlichen oder Rechtfertigen der nationalsozialistischen Gewalt- und Willkürherrschaft verhindern (DS 17/12423, S. 78 zu § 19; AK VR, S. 82 f., Nr. I + II). Schutzgut ist in erster Linie die Würde der Opfer (AK VR S. 83, Nr. II). Die Versammlung muss nicht öffentlich sein. Es genügt, wenn sie unter freiem Himmel stattfindet (AK VR, S. 84, Nr. III).

Mit dem ersten Entwurf sollten die Gedenkstätten und die Gedenktage durch Rechtsverordnung bestimmt werden. Nach der Sachverständigenanhörung werden Letztere, wie im derzeitigen VersG, dann doch im Gesetz selbst festgelegt (DS 17/15821, S. 9, Nr. 13).

Zu Abs. 1

Im ersten Absatz ist geregelt, dass die Versammlungsbehörde dazu ggf. Versammlungen unter freiem Himmel beschränken, verbieten oder auflösen kann.

Dies setzt gem. Nr. 1 voraus, dass die Versammlung an einem Ort stattfindet, der als Gedenkstätte von historisch herausragender überregionaler Bedeutung an die Opfer der menschenunwürdigen Behandlung unter der nationalsozialistischen Gewalt- oder Willkürherrschaft erinnert, oder an einem Tag stattfindet, der zum Gedenken an die Opfer der menschenunwürdigen Behandlung unter der nationalsozialistischen Gewalt- und Willkürherrschaft bestimmt ist.

Gedenkstätte = Es ist ein Ort, der von historisch herausragender überregionaler Bedeutung ist und an die Opfer der menschenunwürdigen Behandlung unter der nationalsozialistischen Gewalt- oder Willkürherrschaft erinnert (vgl. Legaldefinition im Gesetzestext). Dies ist derzeit das Berliner Denkmal für die ermordeten Juden in Europa (Dietel u. a., S. 312 f., Rd Nr. 147).

Gedenktag = Dies sind Tage, die zum Gedenken an die Opfer der menschenunwürdigen Behandlung unter der nationalsozialistischen Gewalt- und Willkürherrschaft bestimmt sind (vgl. Legaldefinition im Gesetzestext).

Dazu gehören derzeit nach dem VersG der 27. Januar als Holocaust-Gedenktag und der 9. November als Jahrestag der Reichspogromnacht (Mathias Hong [Breitbach/Deiseroth], S. 810, Buchst. bb; AK VR, S. 84, Nr. III). Diese gelten jetzt auch für NRW.

Die zu schützenden Orte und ihre räumliche Abgrenzung müssen dagegen noch durch Rechtsverordnung bestimmt werden. Eine solche Regelung wäre durch Art. 70 der Landesverfassung NRW gedeckt.[36] Zudem steht die Anwendung einer Rechtsverordnung unter umfassender verwaltungsgerichtlicher Kontrolle (DS 17/12423, S. 78 zu § 19; AK VR, S. 84, Nr. III).

Hinzukommen muss nach Nr. 2 im ersten Absatz, dass nach den zum Zeitpunkt der erlassenen Verfügung erkennbaren Umständen die unmittelbare Gefahr besteht, dass durch die Versammlung die nationalsozialistische Gewalt- und Willkürherrschaft gebilligt, verherrlicht oder gerechtfertigt und dadurch der öffentliche Friede gestört wird.

nationalsozialistische Gewalt- und Willkürherrschaft = Dies sind die für das NS-Regime kennzeichnende Menschenrechtsverletzungen der realen Willkürakte von verbrecherischer Qualität (mit Hinweis auf BVerfG Joachim Renzikowski [Breitbach/Deiseroth], S. 1126, Rd Nr. 51).

Eine falsche Geschichtsinterpretation oder das allgemeine Bekenntnis zur NS-Ideologie genügt dem noch nicht (a. a. O.).

billigen = Die positive Stellungnahme zum verbrecherischen Charakter des nationalsozialistischen Regimes (Joachim Renzikowski [Breitbach/Deiseroth], S. 1126, Rd Nr. 50).

---

36 Eine Rechtsverordnung ist eine abstrakt-generelle Reglung, die einer Gesetzesvorschrift ähnelt, aber nicht wie diese vom Parlament, sondern von einem Organ der Exekutiven aufgrund einer vom Parlament erteilten gesetzlichen Ermächtigung erlassen wird (Alexy u. a., S. 215, Rechtsverordnung). „Die Ermächtigung zum Erlaß einer Rechtsverordnung kann nur durch Gesetz erteilt werden. Das Gesetz muß Inhalt, Zweck und Ausmaß der erteilten Ermächtigung bestimmen. In der Verordnung ist die Rechtsgrundlage anzugeben. Ist durch Gesetz vorgesehen, daß eine Ermächtigung weiterübertragen werden kann, so bedarf es zu ihrer Übertragung einer Rechtsverordnung" (LV NRW, Art. 70).

Eine Verharmlosung des Regimes genügt hier nicht (a. a. O.).

verherrlichen = Die Darstellung der Gewalt-/Willkürherrschaft als etwas Großartiges, Imponierendes oder Heldenhaftes bzw. die Anpreisung einer Institution des NS-Systems (mit Hinweis auf Bundestagsdrucksache Joachim Renzikowski [Breitbach/Deiseroth], S. 1126 f., Rd Nr. 53).

Auch hier stellt die Verharmlosung noch keine Verherrlichung dar (a. a. O.).

rechtfertigen = Ist das Verteidigen der Menschenrechtsverletzungen als nach anerkannten Maßstäben notwendige Maßnahme oder die Darstellung der Handlungsweise eines dafür Verantwortlichen als rechtlich oder moralisch erlaubt (mit Hinweis auf Bundestagsdrucksache Joachim Renzikowski [Breitbach/Deiseroth], S. 1126 f., Rd Nr. 53).

Das BVerfG hat in seiner Rechtsprechung deutlich gemacht, dass der Staat Meinungsneutralität zu wahren hat. Die Anknüpfung von Verbotsnormen an politische Strömungen, Weltanschauungen, Haltungen oder Gesinnungen wären ihm daher strikt untersagt. Das gelte prinzipiell auch für rechtsradikales bzw. nationalsozialistisches Gedankengut. Eine einzige Ausnahme beträfe jedoch die Gutheißung der historisch-konkreten nationalsozialistischen Gewalt- und Willkürherrschaft. Die Ablehnung dieses totalitären und menschenverachtenden Regimes präge die Identität der staatlichen Ordnung der Bundesrepublik Deutschland. Dies zeige sich u. a. im § 130 Abs. IV des Strafgesetzbuches,[37] der eine solche „Volksverhetzung“ zu Recht unter Strafe stelle.

Störung des öffentlichen Friedens = Die Befürwortung der nationalsozialistischen Unrechtsherrschaft in ihrer historischen Realität ist ein friedenstörender Angriff auf die Identität des Gemeinwesens (mit Hinweis auf BVerfG AK VR, S. 84 f., Nr. III).

Der bloße Einschüchterungsversuch wird vom § 18 VersG NRW erfasst (AK VR, S. 85, Nr. III).

Zu Abs. 2

Der zweite Absatz stellt nochmals heraus, dass ein Verbot oder eine Auflösung auch nur dann infrage kommt, wenn Beschränkungen nicht ausreichen (vgl. Gesetzestext).

---

37 „Mit Freiheitsstrafe bis zu drei Jahren oder mit Geldstrafe wird bestraft, wer öffentlich oder in einer Versammlung den öffentlichen Frieden in einer die Würde der Opfer verletzenden Weise dadurch stört, dass er die nationalsozialistische Gewalt- und Willkürherrschaft billigt, verherrlicht oder rechtfertigt“ (§ 130 IV StGB).

§ 20 VersG NRW: Schutz des Landtages (§ 16 VersG)

(1) Für den Landtag Nordrhein-Westfalen wird ein **befriedeter Bannkreis** gebildet, in dem öffentliche Versammlungen unter freiem Himmel verboten sind.

(2) Ausnahmen von diesem Verbot kann die Präsidentin oder der Präsident des Landtags im Benehmen mit der für Inneres zuständigen Ministerin oder dem für Inneres zuständigen Minister zulassen.

(3) Der befriedete Bannkreis wird in der Landeshauptstadt Düsseldorf wie folgt und wie aus der Anlage 1 ersichtlich bestimmt:

1. im Norden durch das Molenfundament einschließlich Steinschüttung entlang dem Grundstück, wobei die östliche und westliche Grenze auf der Promenade jeweils durch besonders verlegte Pflastersteine kenntlich gemacht sind,
2. im Westen ausgehend von der Rheinuferpromenade im Bereich der Grünflächen markiert durch besondere Plattierungen, im Bereich der Busparkplätze durch deren äußere Begrenzung und weiterhin bis zur Stromstraße durch eine sichtbare Kante entlang der Einfahrt zur Tiefgarage,
3. im Süden westlich beginnend an der Einfahrt zur Tiefgarage die innere Grenze des Radweges, im weiteren Verlauf innerhalb der Feuerwehrzufahrt durch eine herausgehobene Pflasterung, im Bereich des Grünstreifens durch Betonsteine bis zur östlichen Grundstücksgrenze unter Ausklammerung des Treppenaufgangs und
4. im Osten beginnend an der Stromstraße durch die Bastion, im weiteren Verlauf durch die äußere Grenze des Weges unter Einbeziehung des Rondells – Trafostation –, endend auf der Rheinuferpromenade.

Quelle: DS 17/12423, S. 20–21.

Im § 20 VersG NRW wird das laut Gesetzgeber „bewährte“ Bannmeilengesetz für den Landtag Nordrhein-Westfalen (BannMG) wortgleich übernommen. Es soll zukünftig nicht zwei verschiedene Gesetze geben, nämlich VersG NRW und BannMG, die den einheitlichen Regelungsbereich des Versammlungsrechts um den Landtag betreffen. Dem Vorschlag des AK VR (S. 85–88 , zu § 20), auf Grundlage von neu geschaffenen Eingriffstatbeständen im Einzelfall Entscheidungen über Versammlungen innerhalb der Bannmeile zu treffen, folgt der Gesetzgeber ausdrücklich nicht.

Damit besteht auch weiterhin ein ausnahmsloses gesetzliches Verbot von Versammlungen innerhalb der Bannmeile um das Gebäude des Düsseldorfer

Landtags, auch wenn ein solches in Teilen der Literatur kritisch bis ablehnend bewertet wird. Der § 20 VersG NRW soll sicherstellen, dass die Arbeit der Volksvertretung nicht durch Versammlungen gestört wird. Die Funktionsfähigkeit des Parlaments ist ein hohes und überragend wichtiges öffentliches Gut (DS 17/12423, S. 78, zu § 20).

Zu Abs. 1

Im ersten Absatz des § 20 wird festgestellt, dass um den nordrhein-westfälischen Landtag ein befriedeter Bannkreis gebildet ist, in dem öffentliche Versammlungen unter freiem Himmel verboten sind.

Bannkreis = Er ist das nähere Umfeld des Parlamentsgebäudes, um unter Gewährleistung der Sichtweite zum Parlament den physisch ungestörten Zugang zum Parlament zu ermöglichen (Dietel u. a., S. 339 f., Rd Nr. 4).

befriedet = Dies ist ein gesetzliches Versammlungsverbot um das Parlamentsgebäude (Breitbach/Deiseroth, S. 458, Rd Nr. 448).

Zu Abs. 2

Mit dem zweiten Absatz wird dem Präsidenten des Landtags im Benehmen mit dem für Inneres zuständigen Minister die Möglichkeit gegeben, in konkreten Einzelfällen Ausnahmen von diesem Verbot zuzulassen.

Zu Abs. 3

Im dritten Absatz ist der befriedete Bannkreis für das Parlament in der Landeshauptstadt Düsseldorf exakt beschrieben. Zusätzlich ist seine bildliche Darstellung in der Anlage 1 zum VersG NRW abgedruckt.

§ 21 VersG NRW: Öffentliche Verkehrsfläche in Privateigentum (--- VersG)

Auf **Grundstücken in Privateigentum**, die dem allgemeinen **Publikum** zum **kommunikativen Verkehr geöffnet** sind, können öffentliche Versammlungen auch ohne die Zustimmung der Eigentümerin oder des Eigentümers durchgeführt werden.

Die **Interessen** der Versammlungsbeteiligten und der betroffenen Grundstückseigentümerinnen und Grundstückseigentümer sind in **Ausgleich** zu bringen.

Die Bedeutung des Ortes für das Anliegen der Versammlung, das Hausrecht sowie Art und Ausmaß der Belastung der Eigentümerinnen und Eigentümer sind zu berücksichtigen.

> Überwiegen die Belange der privaten Eigentümerinnen und Eigentümer, soll die zuständige Behörde einen alternativen öffentlichen Versammlungsort anbieten, der dem privaten Raum hinsichtlich Größe, Bezug zum Versammlungsgegenstand, der zu erwartenden Öffentlichkeitswirkung und der Erreichbarkeit möglichst entspricht.

Quelle: DS 17/12423, S. 21.

Der öffentliche Raum mit seinen Straßen, Wegen, Plätzen und Anlagen wird auch heute noch überwiegend in öffentlicher Trägerschaft geführt. An ihm besteht Gemeingebrauch und es gibt Sondernutzungsrechte. Wenn er auch weiterhin der traditionelle Ort für Versammlungen unter freiem Himmel ist, gibt es zunehmend öffentliche Räume, die nicht mehr in öffentlicher Trägerschaft stehen. Dies sind beispielsweise neu entstehende Anlagen auf privaten Grundstücken, Eigentumserwerb durch private Träger von öffentlichen Trägern oder die Privatisierung ehemals öffentlicher Einrichtungen. Sie treten überwiegend neben vorhandene Räume in öffentlicher Hand. Sie können diese, z. B. bei riesigen Einkaufsmeilen, aber auch faktisch verdrängen (AK VR, S. 89 f. Nr. 1).

Heute ist in Rechtsprechung und Literatur anerkannt, dass auch das Privatrecht, hier das Eigentumsrecht, grundrechtlichen Bindungen unterliegt. Daher ist ein Einfluss der Versammlungsfreiheit auf das private Eigentumsrecht zu bejahen (AK VR, S. 90 f., Nr. 1).

Die diesbezüglich bestehende Lücke im derzeitigen Versammlungsrecht soll durch den neu geschaffen § 21 VersG NRW, der Versammlungen auf Privatgrundstücken regelt, geschlossen werden. Dabei greift der Gesetzgeber nur in Teilen auf den Vorschlag des AK VR (S. 90–96, Nr. II) zurück. Es bleibt weiterhin bei dem Grundsatz, dass das Grundrecht der Versammlungsfreiheit für Grundstücke in Privateigentum kein Betretungsrecht ohne vorherige Zustimmung des Eigentümers entfaltet. Es besteht insofern keine Berechtigung dazu, eine Versammlung ohne Zustimmung des Grundstückseigentümers auf dessen Grundstück abzuhalten (DS 17/12423, S. 78 f., zu § 21).

Mit der sog. „Fraport-Entscheidung" hat das BVerfG allerdings Ausnahmen für bestimmte Konstellationen zugelassen. Diese werden im ersten Satz des § 21 durch den Gesetzgeber nunmehr einfachrechtlich gestaltet. Danach sind solche Versammlungen privilegiert, die auf Grundstücken in Privateigentum stattfinden können, wenn diese dem allgemeinen Publikum zum kommunikativen Verkehr geöffnet sind. Die seit Langem anerkannte Kommunikationsfunktion der öffentlichen Straßen, Wege und Plätze werden von den durch private Investoren geschaffenen und betriebenen Plätzen als Orte des Verweilens, der Begegnung, des Flanierens, des Konsums und der Freizeitgestaltung ergänzt. Sie können daher von der Versammlungsfreiheit nicht ausgenommen werden.

Grundstücke in Privateigentum mit Publikumsöffnung = Dies sind solche Örtlichkeiten, die sich zwar im Privateigentum befinden, jedoch für die Allgemeinheit zum ***kommunikativen Verkehr*** geöffnet sind (Abs. I, 1. Satz). Soweit der privatrechtlich organisierte Träger eines solchen Raumes sich überwiegend in öffentlicher Hand befindet, ist dieser unmittelbar an die Grundrechte gebunden (mit Hinweis auf BVerfG: DS 17/12423, S. 79, zu § 21).

Dies sind in der ersten Alternative beispielsweise der ohne Bordkarte zugängliche Bereich eines privatisierten Flughafens, die dem Publikum frei zugängliche Ladenpassage eines Einkaufszentrums – die eigentlichen Laden-/Gastronomieflächen fallen nicht darunter – oder die zum öffentlichen Verkehr freigegebene Privatstraße. Auch alle Verbindungswege, Flaniermeilen, Ruheoasen sowie Räume ähnlicher kommunikativer Prägung, wie sie für moderne Einkaufspassagen, Bahnhofs- oder Flughafengelände kennzeichnend sind, fallen darunter. In der zweiten Alternative tritt die öffentliche Hand zwar privatrechtlich im Rechtsverkehr auf, z. B. die Deutsche Bahn AG auf einem Bahnhof, bleibt dabei aber trotzdem unmittelbar an die Grundrechte gebunden.

> ***kommunikativer Verkehr*** = Ein „[...] Raum des Flanierens, des Verweilens und der Begegnung [...], der dem Leitbild eines ‚öffentlichen Forums' [...] entspricht [...]." (m. w. N. zu Literatur und Rechtsprechung DS 17/12423, S. 79, zu § 21 Satz 1).

Kennzeichnend für solche Räume sind die fehlende seitliche Abgrenzung zur allgemeinen Öffentlichkeit. Dortige Versammlungen sind immer, unabhängig von einer Überdachung, als solche unter freiem Himmel zu qualifizieren (DS 17/12423, S. 78 f., zu § 21 und zu Satz 1).

Der zweite Satz beauftragt die Versammlungsbehörde, die Interessen der Versammlungsbeteiligten und der betroffenen Grundstückseigentümer in Ausgleich zu bringen. Dies erfordert eine einzelfallbezogene Abwägung zwischen dem Grundrecht auf Versammlungsfreiheit und den grundrechtlich gewährleisteten Eigentümerinteressen sowie sonstiger Belange der öffentlichen Sicherheit, um einen Ausgleich (sog. praktische Konkordanz) zwischen widersprüchlichen Interessen zu finden (DS 17/12423, S. 79, zu § 21). Dies wäre im Rahmen des Kooperationsgespräches nach § 3 VersG NRW zu leisten. Alle Positionen sollen dadurch bestmöglich berücksichtigt werden.

Interessenausgleich (praktische Konkordanz) = „Die konfligierenden Grundrechte der Versammlungsfreiheit und der Eigentumsfreiheit sind im Wege der praktischen Konkordanz in einen Ausgleich zueinander zu bringen." (DS 17/12423, S. 80).

Wird der Privateigentümer überwiegend von der öffentlichen Hand beherrscht, treten die Interessen der Eigentümer eher gegenüber dem Grundrecht auf Versammlungsfreiheit zurück. Die Wahl einer bestimmten privaten Rechtsform darf nicht die grundrechtlichen Bindungen des Staates lockern (DS 17/12423, S. 80).

Der dritte Satz ergänzt den zweiten insofern, als er wesentliche Bereiche, die bei einem Interessenausgleich immer zu berücksichtigen sind, benennt. Dies ist die Bedeutung des Ortes für das Anliegen der Versammlung, das Hausrecht sowie Art und Ausmaß der Belastung der Eigentümer. Es handelt sich dabei nicht um eine abschließende Aufzählung. Berücksichtigt werden könnte auch das gezeigte Kooperationsverhalten der beiden Parteien, z. B. die Zusage einer Minimierung der Beeinträchtigung privater Interessen, die Zusicherung, eine „Vermüllung" des Versammlungsortes zu vermeiden, oder das Auftreten alkoholisierter Versammlungsteilnehmer zu unterbinden (DS 17/12423, S. 80 f., zu § 21 Satz 2 + 3).

Der vierte Satz beauftragt die Versammlungsbehörden, einen Ausweichort anzubieten, sofern an dem ursprünglich beabsichtigten Ort die Belange der Eigentümer überwiegen würden. Er sollte dem ursprünglich gewählten Ort hinsichtlich Größe, Bezug zum Versammlungsgegenstand, der zu erwartenden Öffentlichkeitswirkung und der Erreichbarkeit möglichst entsprechen. Erst wenn dies vom Veranstalter abgelehnt wird, kommt ein Verbot der Versammlung gem. § 13 VersG NRW in Betracht (DS 17/12423, S. 81, zu § 21).

2.4 Teil 3: Versammlungen in geschlossenen Räumen

Der dritte Teil regelt in den §§ 22 bis 26 die rechtlichen Vorgaben, die grundsätzlich für alle Versammlungen in geschlossenen Räumen gelten. Einen ersten Überblick bietet das folgende Schaubild 6.

Schaubild 6: VersG NRW Teil 3 „Versammlungen in geschlossenen Räumen" nach Paragrafen, Regelungsbereich und Art der Versammlung

§	Regelungsbereich	V	Va	ö	nö	fH	gR
Teil 3	Versammlungen in geschlossenen Räumen[38]						
22	Einladung						
22 I	Ausschluss Personen in Einladung	x		x			x
22 II	Zutritt und Ausschluss Medienvertreter	x		x			x
23	Beschränkungen, Verbot, Auflösung						
23 I	durch Versammlungsbehörde	x		x	x		x
23 II	Verbot und Auflösung	x		x	x		x
23 III	Anwesenheitsrecht Polizei	x		x			x
23 IV	Vorgehen gegen Nicht-Teilnehmer als Störer und bei polizeilichem Notstand gegen Versammlung	x		x	x		x
23 V	Bekanntgabe Verfügung oder Verbot	x		x	x		x
23 VI	Beschränkende Verfügung/Auflösung nach Beginn	x		x	x		x
23 VII	Entfernungspflicht Teilnehmer und Verbot Ersatzversammlung	x		x	x		x
24	Untersagung Teilnahme, Anwesenheit, Ausschluss						
24 I	Untersagung Teilnahme oder Anwesenheit	x		x	x		x
24 II	Ausschluss durch Versammlungsbehörde und Entfernungspflicht	x		x	x		x

38 Die Vorschriften im dritten Teil gelten grundsätzlich nur für Versammlungen und ggf. Veranstaltungen in geschlossenen Räumen, es sei denn, die nachfolgenden Paragrafen enthalten davon abweichende Regelungen.

<u>25</u>	<u>Kontrollstellen</u>						
	Einrichten, um Straftaten nach § 27 IV, V, VII zu verhindern	x		x			x
<u>26</u>	<u>Aufnahmen/Aufzeichnungen von Bild/Ton</u>						
26 I, II	Recht der Versammlungsbehörde, anzufertigen und Verpflichtung, zu unterrichten	x		x			x
26 III	Erweiterung Verwendung auf Verfolgung/Verhütung Straftaten Teilnehmer	x		x			x
26 IV	Vernichtungsregeln	x		x			x
26 V	Dokumentationspflichten	x		x			x

Abkürzungen: V = Versammlung, Va = Veranstaltung, ö = öffentlich, nö = nichtöffentlich, fH = unter freiem Himmel, gR = in geschlossenen Räumen.

§ 22 VersG NRW: Einladung (§ 6 VersG)

(1) Wer eine öffentliche Versammlung in **geschlossenen Räumen** veranstaltet, darf in der **Einladung bestimmte Personen** oder **Personenkreise** von der **Teilnahme ausschließen**.

(2) Wenn nicht ausschließlich bestimmte Personen eingeladen worden sind, darf **Vertretern der Medien** der Zutritt zur Versammlung nicht versagt werden. Diese haben sich gegenüber der Leitung und gegenüber Ordnern nach Aufforderung als Vertreter von Medien auszuweisen. Sie können unter den gleichen Voraussetzungen wie teilnehmende Personen von der Versammlung ausgeschlossen werden.

Quelle: DS 17/12423, S. 21–22.

Mit dem § 22 wird der dritte Teil des VersG NRW über Versammlungen in geschlossenen Räumen eingeleitet. Anders als bei Versammlungen unter freiem Himmel sind mit diesen regelmäßig keine Gefahren für die öffentliche Sicherheit verbunden.

Die Vorschrift entspricht im Wesentlichen dem derzeitigen § 6 VersG und dem Vorschlag des AK VR. Sie ermöglicht dem Veranstalter, Personen von einer öffentlichen Versammlung auszuschließen und nimmt damit Rücksicht auf das legitime Interesse bei Versammlungen in geschlossenen Räumen, „unter sich" bleiben zu dürfen. Für nichtöffentliche Versammlung gilt dies nach deren Eigenart ohnehin (DS 17/12423, S. 81, zu § 22; AK VR, S. 96, Nr. I + II).

Der Artikel 8 II des Grundgesetzes (vgl. GG) ermöglicht gesetzliche Einschränkungen nur für Versammlungen unter freiem Himmel. Einschränkende gesetzliche Regelungen für Versammlungen in geschlossenen Räumen wären daher fragwürdig, würden sie z. B. die Anmeldefreiheit oder die Autonomie der sich Versammelnden unterlaufen oder eine Pflicht zur Benennung einer Versammlungsleitung oder von Ordnern enthalten (AK VR, S. 96 f. Nr. III). Das Grundgesetz schließt allerdings die Versammlungsfreiheit fördernde und die Freiheit der Grundrechtsträger konkretisieren gesetzlichen Vorschriften nicht aus (AK VR, S. 97, Nr. 1). Solche beinhaltet der dritte Teil des VersG NRW.

Zu Abs. 3

Im ersten Absatz wird dem Veranstalter das Recht zugewiesen, bereits in der Einladung zur Versammlung bestimmte Personen oder Personenkreise von der Teilnahme auszuschließen, um „unter sich bleiben" zu können. Durch die personelle Begrenzung in der Einladung bleibt die Versammlung allerdings eine öffentliche, da der Ausschluss bestimmter Personen den Teilnehmerkreis nicht schon auf einen individuell bestimmbaren Personenkreis beschränkt (AK VR, S. 97, Nr. 1).

geschlossene Räume = Hier sind die Versammlungsteilnehmer durch einen sie umschließenden Raum von der allgemeinen Öffentlichkeit abgeschieden. Durch seitliche Begrenzungen besteht keine offene und freie räumliche Zugänglichkeit für jedermann, sodass es sich nicht oder nicht mehr um eine öffentliche Verkehrsfläche handelt. Eine Überdachung ist dagegen nicht zwingend erforderlich (AK VR, S. 52 f., Nr. 1; S. 57, Nr. 2; S. 94).

Einladung = Sie ist eine Aufforderung an alle potenziellen Teilnehmer, an der geplanten Versammlung teilzunehmen (Dietel u. a., S. 169, Rd Nr. 2). Sie gibt Auskunft über Ort, Zeit und Thema der Versammlung (Brenneisen u. a., S. 522).

Die Einladung ist als ein Organisationsakt der Versammlung durch die Versammlungsfreiheit des Art. 8 I GG geschützt, welche sie zugleich konkretisiert (Dietel u. a., S. 169, Rd Nr. 2).

Teilnehmer ausschließen = Die Untersagung der Teilnahme bestimmter Personen/Personenkreise an der Versammlung durch den Veranstalter (Dietel u. a., S. 170, Rd Nr. 8).

Die in der Einladung ausgeschlossenen Personen können dadurch kein Teilnahmerecht an der Versammlung für sich reklamieren. Sie können, sofern sie trotzdem zur Versammlung vor Ort erscheinen, durch den Veranstalter zurückgewiesen und am Betreten des Raumes im Rahmen seines Hausrechts gehindert werden. Solche Ausschlüsse müssen allerdings zeitlich vor Beginn der Versammlung mit der Einladung erfolgen. Spätere Modifizierungen sind grundsätzlich möglich, wenn sie rechtzeitig und in vergleichbarer Weise wie der Ausschluss erfolgen (Brenneisen u. a., S. 522).

bestimmte Personen/bestimmter Personenkreis = Dies sind alle Einzelpersonen oder Personengruppen, die sich nach objektiven Kriterien von anderen abgrenzen lassen (Dietel u. a., S. 170, Rd Nr. 8–9).

Ein solcher Ausschluss ist nur bindend, wenn die ausgeschlossenen Personen(-kreise) eindeutig bestimmbar sind. Dazu können sie in der Einladung direkt benannt werden. Zumeist erfolgt jedoch eine indirekte Benennung, wer teilnehmen darf, z. B. alle Hauseigentümer der X-Straße oder alle Mitglieder der X-Partei, wodurch Hauseigentümer außerhalb der X-Straße bzw. Mitglieder anderer Parteien oder auch parteilose Personen ausgeschlossen sind (a. a. O.).

Zu Abs. 2

Der zweite Absatz soll die Anwesenheit von Medienvertretern sicherstellen. Sie haben nur dann kein Zutrittsrecht, wenn ausschließlich bestimmte Personen eingeladen worden sind. Das ist nur bei nichtöffentlichen Versammlungen der Fall. Bei öffentlichen Versammlungen haben sie, auch in geschlossenen Räumen und bei Ausschluss bestimmter Personen- oder Personenkreise, ein uneingeschränktes Zutrittsrecht. Dies stellt der Gesetzgeber auch versammlungsrechtlich klar.

Vertreter der Medien = Es handelt sich um „[...] Angehörige von Presse, Rundfunk und anderen funktional vergleichbaren (‚neuen‘) Medien, die durch Art. 5 Abs. 1 Satz 2 GG gewährleistete Informationsaufgabe [...] auch bei öffentlichen Versammlungen in geschlossenen Räumen angemessen wahrnehmen können.“ (AK VR, S. 97, Nr. 2).

Medienvertreter müssen sich als solche durch ihre sog. Presseausweise legitimieren. Sie können während der Versammlung nur ausgeschlossen werden, wenn sie deren Ordnung durch ihr Verhalten erheblich stören (AK VR, S. 97, Nr. 2).

§ 23 VersG NRW: Beschränkungen, Verbot, Auflösung (§§ 5, 12 VersG)

(1) Die zuständige Behörde kann die Durchführung einer Versammlung in geschlossenen Räumen beschränken oder verbieten, die Versammlung nach deren Beginn auch auflösen, wenn nach den zur Zeit des Erlasses der Maßnahmen erkennbaren Umständen eine unmittelbare Gefahr

1. eines unfriedlichen Verlaufs der Versammlung oder
2. für Leben oder Gesundheit von Personen besteht.

(2) Verbot oder Auflösung setzen voraus, dass Beschränkungen nicht ausreichen.

(3) Bestehen tatsächliche Anhaltspunkte dafür, dass von einer öffentlichen Versammlung eine Gefahr für die in Absatz 1 genannten Rechtsgüter ausgeht, dürfen Polizeivollzugsbeamtinnen und Polizeivollzugsbeamte in der Versammlung anwesend sein. Sie haben sich der Versammlungsleitung **zu erkennen** zu **geben**.

(4) Geht eine unmittelbare Gefahr für die in Absatz 1 genannten Rechtsgüter von Dritten aus, sind Maßnahmen der Gefahrenabwehr gegen diese zu richten.
Kann die Gefahr auch unter Heranziehung von landes- und bundesweit verfügbaren Polizeikräften nicht abgewehrt werden, dürfen Maßnahmen nach den Absätzen 1 oder 2 auch zulasten der Versammlung ergriffen werden, von der die Gefahr nicht ausgeht.

(5) Sollen eine beschränkende Verfügung oder ein Verbot ausgesprochen werden, so sind diese nach Feststellung der Voraussetzungen, die diese Verfügung rechtfertigen, unverzüglich bekannt zu geben.

(6) Die Bekanntgabe einer nach Versammlungsbeginn ergehenden beschränkenden Verfügung oder einer Auflösung muss unter Angabe des **Grundes der Maßnahme** erfolgen.

(7) Sobald die Versammlung für aufgelöst erklärt ist, haben alle anwesenden Personen sich unverzüglich zu entfernen. Es ist verboten, anstelle der aufgelösten Versammlung eine **Ersatzversammlung** durchzuführen.

Quelle: DS 17/12423, S. 22–23.

Der § 23 ist die zentrale Eingriffsgrundlage für die Versammlungsbehörde bei Versammlungen in geschlossenen Räumen. Dies ist bislang unzureichend im § 5 VersG geregelt. Die Neuerung entspricht weitgehend dem Vorschlag des AK VR. Sie konkretisiert die verfassungsrechtlichen Vorgaben aus Art. 8 GG und enthält Regelungen mit und ohne Eingriffscharakter, die die verfassungsimmanenten Beschränkungen normieren (DS 17/12423, S. 81, zu § 23; AK VR, S. 98–100, Nr. I, II). Versammlungen, die insgesamt unfriedlich verlaufen, oder einzelne unfriedliche Teilnehmer können sich nicht auf den Schutz durch Art. 8 GG berufen (AK VR, S. 100 f., Nr. 1).

Zu Abs. 1

Der erste Absatz ermöglicht die Beschränkung, das Verbot oder die Auflösung einer Versammlung in geschlossenen Räumen, wenn nach den zur Zeit des Erlasses einer solchen Verfügung erkennbaren Umständen eine unmittelbare Gefahr eines unfriedlichen Verlaufs der Versammlung oder einer unmittelbaren Gefahr für Leben oder Gesundheit von Personen besteht.

Der Begriff „Unfriedlichkeit" in der Nr. 1 ist mit demjenigen im Art. 8 GG identisch. Hier genügt jedoch eine unmittelbare Gefahr einer solchen Unfriedlichkeit. Es muss also noch keine Unfriedlichkeit in dem Sinn vorliegen, dass der Grundrechtsschutz als solcher entfällt.

Mit der Nr. 2 werden die Rechtsgüter Leben und Gesundheit von Personen geschützt, soweit eine unmittelbare Gefahr für diese besteht (DS 17/12423, S. 81 f., zu § 23 I, II; AK VR, S. 100 f., Nr. 1).

Zu Abs. 2

Absatz 2 stellt explizit heraus, dass ein Verbot oder die Auflösung nur dann infrage kommt, wenn Beschränkungen für die Abwehr der Gefahr nicht ausreichen. Er trägt dem Verhältnismäßigkeitsgrundsatz Rechnung. Beschränkungen sind zumeist mildere Mittel als Verbote oder Auflösungen (DS 17/12423, S. 81 f., zu § 23 I, II; AK VR, S. 101, Nr. 2).

Zu Abs. 3

Im dritten Absatz wird eine ausdrückliche Ermächtigung für die Anwesenheit von Polizeibeamten geschaffen, sofern die im ersten Absatz genannte Gefahrenlage besteht. Bei Versammlungen unter freiem Himmel, bei denen es die Aufgabe der Polizei ist, die Beachtung von Gesetz und Recht sicherzustellen, bedarf es keiner diesbezüglichen Regelung zur Anwesenheit von Polizeikräften. Dies ist bei Versammlungen in geschlossenen Räumen anders. Anwesende Polizeikräfte müssen sich als solche zu erkennen geben.

zu erkennen geben = Die Pflicht für alle am Versammlungsort anwesenden Polizeibeamten, sich gegenüber der Versammlungsleitung als solche zu legitimieren.

Daher müssen sich nicht nur der Einsatzleiter oder nur zivile Einsatzkräfte, sondern grundsätzlich alle anwesenden Polizeibeamten gegenüber der Versammlungsleitung zu erkennen geben. Dies ist geboten, da ihre dienstliche Anwesenheit und die damit verbundene Möglichkeit zur hoheitlichen Beobachtung des Versammlungsgeschehens Eingriffscharakter haben kann.

Um Einschüchterungseffekten vorzubeugen, ist die Anwesenheit auch nur dann zulässig, wenn tatsächliche Anhaltspunkte einer unmittelbaren Gefahr für die im ersten Absatz genannten Rechtsgüter bestehen. Die Offenbarungspflicht gilt nicht für solche Fälle, in denen die polizeiliche Anwesenheit aufgrund allgemeiner polizeilicher Zuständigkeiten erfolgt, beispielsweise bei der Verfolgung von Straftaten, die keine Beziehung zur Versammlung aufweisen. Dies gilt auch nicht für den Einsatz verdeckter Ermittler bzw. von Kripobeamten, die mit nicht versammlungsbezogenen Aufträgen oder in Wahrnehmung von Personenschutzaufgaben betraut und bei der Versammlung daher anwesend sind (DS 17/12423, S. 82., zu § 23 III; AK VR, S. 101 f., Nr. 3).

Zu Abs. 4

Im ersten Satz des vierten Absatzes wird die allgemeine polizeirechtliche Störerverantwortlichkeit versammlungsspezifisch geregelt. Gehen die unmittelbaren Gefahren für die genannten Rechtsgüter von Dritten aus, müssen die Maßnahmen grundsätzlich auch gegen diese Personen gerichtet werden.

Nach dem zweiten Satz kann im Rahmen des sog. Polizeilichen Notstandes ausnahmsweise gegen die Versammlung oder einzelne ihrer Teilnehmer vorgegangen werden. Maßnahmen gegen die „nichtstörende Versammlung“ sind nur dann als „Ultima Ratio“ zulässig, wenn eine unmittelbare Gefahr für die im ersten Absatz genannten Rechtsgüter besteht. Eine allgemeine Gefahr für die öffentliche Sicherheit genügt dagegen nicht. Dadurch wird die verfassungsrechtlich stets bedenkliche Nichtstörerverantwortlichkeit weitergehend eingeschränkt (DS 17/12423, S. 83., zu § 23 IV; AK VR, S. 102, Nr. 4).

Zu Abs. 5 und 6

In den Absätzen 5 und 6 werden die verfahrensrechtlichen Begleitregelungen für Verbot, Auflösung und Beschränkung für Versammlungen in geschlossenen Räumen festgelegt – wie in § 13 II und IV VersG NRW für Versammlungen unter freiem Himmel. Dazu gehört, dass Verfügungen oder ein Verbot unverzüglich bekannt zu geben sind. Nach Versammlungsbeginn ergehende beschränkende Verfügungen oder eine Auflösung müssen daher unter Angabe des Grundes erfolgen (DS 17/12423, S. 82., zu § 23 V–VII; AK VR, S. 102, Nr. 5–6).

Grund der Maßnahme = Den Teilnehmern sind beschränkende Verfügungen oder Auflösung, die nach Versammlungsbeginn ergehen, unter der Angabe, welche erkennbaren Umstände für eine unmittelbare Gefahr eines unfriedlichen Verlaufs der Versammlung oder für Leben oder Gesundheit von Personen polizeilicherseits bestehen, zu eröffnen. Dies soll zu einer Versachlichung der Lage beitragen und Rechtssicherheit schaffen (AK VR S. 102, Nr. 6).

Zu Abs. 7

Im ersten Satz von Absatz 7 ist bestimmt, dass sich nach einer Auflösung der Versammlung alle anwesenden Personen unverzüglich zu entfernen haben. Zur Klarstellung wird daneben im zweiten Satz ausdrücklich normiert, dass es verboten ist, anstelle der aufgelösten Versammlung Ersatzveranstaltungen durchzuführen. Diese Vorschriften entsprechen denjenigen im § 13 II VersG NRW (AK VR, S. 103, Nr. 8–9).

Was unter einer Ersatzveranstaltung zu verstehen ist, wird in den Drucksachen allerdings nicht definiert. Im Gesetzentwurf für das neue Versammlungsgesetz Berlin werden solche Ersatzveranstaltungen im § 14 II unter freiem Himmel und im § 22 V in geschlossenen Räumen nur für den gleichen Ort untersagt.

Ersatzveranstaltung = „Eine solche liegt nur dann vor, wenn und soweit sie im Wesentlichen identisch mit der aufgelösten Versammlung ist. Für diese Bewertung sind insbesondere Kriterien wie der Teilnehmenden- und Organisationskreis und das Thema der Versammlung heranzuziehen.“[39]

§ 24 VersG NRW: Untersagung der Teilnahme oder Anwesenheit und Ausschluss von Personen (--- VersG)

(1) Die zuständige Behörde kann einer Person die Teilnahme an oder Anwesenheit in einer Versammlung in geschlossenen Räumen vor deren Beginn untersagen, wenn von ihr nach den zur Zeit des Erlasses der Verfügung erkennbaren Umständen bei Durchführung der Versammlung eine unmittelbare Gefahr im Sinn von § 23 Absatz 1 ausgeht.

(2) Wer durch sein **Verhalten** in der Versammlung eine unmittelbare Gefahr im Sinn von § 23 Absatz 1 **verursacht**, ohne dass die Versammlungsleitung dies unterbindet, kann von der zuständigen Behörde ausgeschlossen werden. Wer aus der Versammlung ausgeschlossen wird, hat sich unverzüglich zu entfernen.

Quelle: DS 17/12423, S. 23.

Wie der § 14 VersG NRW die notwendigen Rechtsgrundlagen für Eingriffe der Versammlungsbehörde gegen Teilnehmer bei Versammlungen unter freiem Himmel beinhaltet, regelt der § 24 dies für Versammlungen in geschlossenen

39 Gesetzentwurf der Fraktionen SPD, Die Linke und Bündnis 90/Die Grünen für ein Gesetz über Versammlungsfreiheit in Berlin, DS/18/2764, vom 02.06.2020, S. 42, zu § 15.

Räumen. Inhaltlich entspricht der Gesetzestext dem Vorschlag des AK VR. Das derzeitige VersG enthält in den §§ 17a IV Satz 2, 18 III und § 19 IV nur ein behördliches Ausschlussrecht für Versammlungen unter freiem Himmel.

Die möglichen Maßnahmen der Teilnahmeuntersagung oder des Ausschlusses einzelner Personen sind mildere Mittel als das Verbot bzw. die Auflösung der gesamten Versammlung. Unberührt davon bleibt das Recht des Veranstalters gem. § 22 I VersG NRW, bereits in der Einladung bestimmte Personen oder Personenkreise auszuschließen. Ebenso das Recht der Versammlungsleitung gem. § 6 VersG NRW solche Personen, welche die Ordnung der Versammlung erheblich stören, auszuschließen (DS 17/12423, S. 83, zu § 24; AK VR, S. 104, Nr. I–III).

Die Teilnahmeuntersagung oder der Ausschluss einzelner Personen obliegt der Versammlungsbehörde unabhängig davon, ob der Veranstalter in der Sache tätig wird oder nicht. Erforderlich ist insoweit nur das Vorliegen der jeweiligen tatbestandlichen Voraussetzungen. Nimmt jemand trotz Teilnahmeuntersagung durch den Veranstalter oder die Behörde an der Versammlung teil, stellt dies eine Ordnungswidrigkeit nach § 28 I Nr. 10 VersG NRW dar. Dies muss jedoch nicht zwangsläufig seinen Ausschluss von der Versammlung zur Folge haben. Dessen rechtliche Voraussetzungen nach dem Absatz 2 wären dann gesondert zu prüfen.

Zu Abs. 1

Im ersten Absatz der Vorschrift ist die Teilnahmeuntersagung vor Beginn der Versammlung geregelt. Danach kann die zuständige Behörde einer Person die Teilnahme an oder die Anwesenheit in der Versammlung untersagen, wenn von ihr nach den zur Zeit des Erlasses der Verfügung erkennbaren Umständen bei Durchführung der Versammlung eine unmittelbare Gefahr im Sinn von § 23 I VersG NRW ausgeht.

Zu Abs. 2

Der zweite Absatz regelt den Ausschluss einer Person während der Versammlung. Danach kann die Versammlungsbehörde eine Person von der laufenden Versammlung ausschließen, wenn diese durch ihr Verhalten in der Versammlung eine unmittelbare Gefahr im Sinn von § 23 I VersG NRW verursacht und die Versammlungsleitung dies nicht unterbindet. Auch dieser Verstoß stellt eine Ordnungswidrigkeit nach § 28 Abs. 1 Nr. 10 VersG NRW dar. Weitere polizeirechtliche Maßnahmen erfolgen dann gem. § 9 VersG NRW nach dem Polizeigesetz NRW.

Verhalten = Dies ist jedwede menschliche Handlung durch Tun oder Unterlassen.

Verursachen = Dies ist der allein- oder mitursächliche Zusammenhang zwischen dem Verhalten eines Menschen und der Gefahr. Die diesbezügliche Prüfung erfolgt nach der sog. „Bedingungs- bzw. Äquivalenztheorie". Jedes Verhalten, das nicht hinweggedacht oder in Fällen des Unterlassens hypothetisch hinzugedacht werden kann, ohne dass die Gefahr entfiele, ist darunter zu subsumieren (vgl. dazu Knape/Schönrock, S. 221–227, Nr. I + II).

§ 25 VersG NRW: Kontrollstellen (--- VersG)

(1) Bestehen tatsächliche Anhaltspunkte dafür, dass Waffen mitgeführt werden oder der Einsatz von Gegenständen im Sinne von § 8 Absatz 1 Nummer 2 die öffentliche Sicherheit bei Durchführung einer öffentlichen Versammlung in geschlossenen Räumen unmittelbar gefährden wird, können auf den Anfahrts- und Fußwegen zu der Versammlung Kontrollstellen errichtet werden, um Personen und Sachen zu durchsuchen.

(2) Identitätsfeststellungen sowie weitere polizei- und ordnungsrechtliche oder strafprozessuale Maßnahmen sind nur zulässig, soweit sich an der Kontrollstelle tatsächliche Anhaltspunkte für einen bevorstehenden Verstoß gegen § 8 Absatz 1 Nummer 2 oder für die Begehung strafbarer Handlungen[40] ergeben. § 12 Absatz 2 des Polizeigesetzes des Landes Nordrhein-Westfalen ist anwendbar.

- - -

§ 12 II PolG NRW – Identitätsfeststellung

Die Polizei kann die zur Feststellung der Identität erforderlichen Maßnahmen treffen. Sie kann die betroffene Person insbesondere anhalten, sie nach ihren Personalien befragen und verlangen, dass sie Angaben zur Feststellung ihrer Identität macht und mitgeführte Ausweispapiere zur Prüfung aushändigt. Die betroffene Person kann festgehalten werden, wenn die Identität auf andere Weise nicht oder nur unter erheblichen Schwierigkeiten festgestellt werden kann. Unter den Voraussetzungen des Satzes 3 können die betroffene Person sowie die von ihr mitgeführten Sachen durchsucht werden.

- - -

Quelle: DS 17/12423, S. 23; DS 17/15821, S. 3–4, Nr. 14.

40 Alle gesetzlichen Tatbestände, die mit Geld- oder Freiheitsstrafe bedroht sind (Alexy u. a., S. 252, Straftat).

Bislang existiert im VersG keine Regelung für die Einrichtung von Kontrollstellen. Daher wird derzeit auf diesbezügliche Regelungen im allgemeinen Polizeirecht zurückgegriffen, das im § 12 I Nr. 4 PolG NRW nur zum Teil versammlungsspezifische Tatbestände enthält. Der gesetzessystematische richtige Ort sollte jedoch das Versammlungsgesetz sein.

Diese Gesetzeslücke wird mit dem § 25 VersG NRW für Versammlungen in geschlossenen Räumen geschlossen. Er ist das Pendant zum § 15, der die Einrichtung von Kontrollstellen bei Versammlungen unter freiem Himmel regelt. Der § 25 greift die Bestimmungen über Kontrollstellen im § 15 auf und passt sie den besonderen verfassungsrechtlichen Anforderungen für Eingriffe bei Versammlungen in geschlossenen Räumen an.[41]

Der einzige Unterschied besteht darin, dass beim § 25 der Verweis auf § 27 VII fehlt. Die dort unter Strafe gestellte Vermummung gilt nur für Versammlungen unter freiem Himmel. Auch im § 25 richtet sich die Durchführung der Kontrollmaßnahmen nach dem Polizeigesetz NRW (DS 17/12423, S. 83 zu § 25; AK VR, S. 104–106, zu § 25).

Auch hier erfolgt die Änderung der ersten Vorlage wie beim § 15 VersG NRW nach der Sachverständigenanhörung (DS 17/15821, S. 10, zu Nr. 14).

§ 26 VersG NRW: Aufnahme und Aufzeichnungen von Bild und Ton (12a, 19a VersG)

(1) Unter den Voraussetzungen des § 23 Absatz 1 darf die zuständige Behörde Bild- und Tonaufnahmen sowie entsprechende Aufzeichnungen von einer Person bei oder im Zusammenhang mit einer öffentlichen Versammlung in geschlossenen Räumen anfertigen, wenn die Maßnahmen erforderlich sind, um die Gefahr abzuwehren. Die Aufzeichnungen dürfen auch angefertigt werden, wenn andere Personen unvermeidbar betroffen werden. Aufnahmen und Aufzeichnungen sind offen vorzunehmen.

(2) Die oder der von einer Aufzeichnung nach Absatz 1 Betroffene ist über die Maßnahme unverzüglich zu unterrichten, soweit ihre oder seine Identität feststeht und zulässige Verwendungszwecke nicht gefährdet sind.

(3) Die Aufzeichnungen dürfen auch verwendet werden

41 Vgl. zu den Tatbestandsmerkmalen die Ausführungen zum § 15 (85 ff.).

1. für die Verfolgung von Straftaten von Teilnehmerinnen und Teilnehmern oder
2. zur Gefahrenabwehr, wenn von der betroffenen Person in oder im Zusammenhang mit der Versammlung eine Gefahr im Sinn von § 23 Absatz 1 ausging und zu besorgen ist, dass bei künftigen Versammlungen von dieser Person erneut Gefahren im Sinn von § 23 Absatz 1 ausgehen werden.

(4) Die Aufzeichnungen sind nach Beendigung der Versammlung oder zeitlich und sachlich damit unmittelbar im Zusammenhang stehender Ereignisse unverzüglich zu vernichten. Dies gilt nicht, soweit sie für die in Absatz 3 aufgeführten Zwecke benötigt werden. Aufzeichnungen, die für die Zwecke des Absatzes 3 verwendet werden, sind ein Jahr nach ihrer Anfertigung zu vernichten, sofern sie nicht Gegenstand oder Beweismittel eines Rechtsbehelfs oder gerichtlichen Verfahrens sind.

(5) Die Gründe für die Anfertigung von Bild- und Tonaufzeichnungen nach Absatz 1 und für ihre Verwendung nach Absatz 3 sind zu dokumentieren.

Quelle: DS 17/12423, S. 23–25; DS 17/15821, S. 4, Nr. 15

Der § 26 VersG NRW gibt Grund und Grenzen polizeilicher Aufnahmen und Aufzeichnungen von Bild und Ton bei Versammlungen in geschlossenen Räumen vor. Die Vorschrift stimmt im Wesentlichen mit dem Vorschlag des AK VR überein. Sie ist die Parallelnorm zum § 16 VersG NRW, der die diesbezüglichen Regelungen bei Versammlungen unter freiem Himmel enthält.[42]

Eingriffe in das vorbehaltlos geschützte Recht, sich in geschlossenen Räumen zu versammeln, bedürfen, soweit sie nicht nur die Grenzen des Schutzbereiches aus Art. 8 GG konkretisieren, einer Rechtfertigung durch kollidierendes Verfassungsrecht. Daher knüpft die Vorschrift an § 23 I VersG NRW an, der die verfassungsimmanenten Schranken der Versammlungsfreiheit für Beschränkung, Verbot und Auflösung beinhaltet (DS 17/12423, S. 83 f., zu § 26; AK VR, S. 106 f., Nr. 1).

Zu Abs. 1

Der erste Absatz regelt den primären Zweck der Maßnahme. Er greift die Merkmale im ersten Absatz des § 16 VersG NRW auf. Dort ist ein Eingriff zugelassen, wenn Tatsachen die Annahme rechtfertigen, dass eine erhebliche Gefahr für die öffentliche Sicherheit oder Ordnung besteht. Hier wird die Befugnis zudem auf die Abwehr von Gefahren nach § 23 I VersG NRW

42 Vgl. zu den Tatbestandsmerkmalen die Ausführungen zum § 16 (91 ff.).

beschränkt. Danach muss eine unmittelbare Gefahr der Unfriedlichkeit bzw. einer Lebens-/Gesundheitsgefahr von Personen vorliegen. Bei Aufnahme und Aufzeichnung ist zu berücksichtigen, dass, soweit beide die Gefahr abwenden können, im Rahmen der Verhältnismäßigkeit der bloßen Aufnahme gegenüber der Aufzeichnung Vorrang einzuräumen ist, (DS 17/12423, S. 83 f., zu § 26; AK VR, S. 107, Nr. 3; AK VR, S. 108, Nr. 1).

Entgegen der Ansicht des AK VR sieht der Gesetzgeber in seinem ersten Entwurf außerdem ein Regelungsbedürfnis für Übersichtsaufnahmen auch in geschlossenen Räumen (DS 17/12423, S. 83 f., zu § 26; AK VR, S. 107 f., Nr. II). Nach der Sachverständigenanhörung streicht er allerdings den dafür vorgesehen zweiten Absatz ersatzlos. Damit folgt er einer größtmöglichen Verfassungsfreundlichkeit (DS 17/15821, S. 10, zu Nr. 15).

Zu Abs. 2

Im zweiten Absatz wird die Mitteilungspflicht gegenüber Personen, deren Bilder aufgezeichnet wurden, festgelegt. Hier kann auf die obigen Ausführungen zur offenen Datenerhebung im § 16 VersG NRW (S. 91) verwiesen werden. Eine Befugnis zur verdeckten Datenerhebung ist nicht vorgesehen (AK VR, S. 108 f., Nr. 2).

Zu Abs. 3

Der dritte Absatz regelt mögliche andere Verwendungszwecke der Daten. Wie bei Versammlungen unter freiem Himmel dürfen die Daten auch hier zum Zwecke der Strafverfolgung bzw. zur Verhinderung zukünftiger Straftaten verwendet werden. Die darüber hinaus gehende Verwendung zur befristeten Dokumentation polizeilichen Handelns und zum Zwecke der polizeilichen Aus- oder Fortbildung, wie im § 16, ist allerdings nicht zulässig (AK VR, S. 109, Nr. 4).

Zu Abs. 4 und 5

Im vierten und fünften Absatz sind die „Vernichtung“ der Bild- und Tonaufzeichnungen sowie die „Dokumentationspflicht“ geregelt, die denjenigen im § 16 VersG NRW entsprechen (AK VR, S. 109, Nr. 4).

2.5 Teil 4: Straftaten/Ordnungswidrigkeiten

Der vierte Teil des VersG NRW enthält in den §§ 27 bis 29 die Straftatbestände und die Ordnungswidrigkeiten sowie die Vorschrift zur Einziehung. Einen ersten Überblick bietet das folgende Schaubild 7.

Schaubild 7: VersG NRW Teil 4 „Straftaten und Ordnungswidrigkeiten" nach Paragrafen, Regelungsbereich und Art der Versammlung

§	Regelungsbereich	V	Va	ö	nö	fH	gR
Teil 4	Straftaten und Ordnungswidrigkeiten[43]						
27	Straftaten						
27 I S. 1	Veranstalter/Leiter, der trotz Verbot u. a. Versammlung durchführt/fortsetzt	x		x		x	x
27 I S. 2	oder ohne Anzeige usw. durchführt	x		x		x	
27 II	Leiter, der Versammlung wesentlich anders durchführt usw.	x		x		x	
27 III	Wer zur Teilnahme an untersagter Versammlung auffordert	x		x		x	x
27 IV	Wer Gewalttätigkeiten oder Störungen verursacht	x		x	x	x	x
27 V	Wer (un-)technische Waffe mitführt usw. oder bewaffnete Ordner einsetzt	x		x	x	x	x
27 VI	Wer Gewalt gegen Leiter/Ordner anwendet oder diese tätlich angreift	x		x	x	x	x
27 VII	Wer in Vermummung/Schutzausrüstung teilnimmt	x	x	x		x	
27 VIII	Wer Gewalt-/Einschüchterungsverbot missachtet	x		x	x	x	x

43 Die Straftaten und Ordnungswidrigkeiten im vierten Teil beziehen sich jeweils auf bestimmte Paragrafen im ersten bis dritten Teil des Gesetzes. Eine mögliche Einziehung hängt wiederum von den begangenen Straftaten oder Ordnungswidrigkeiten ab.

28	Ordnungswidrigkeiten						
28 I Nr. 1	Verstoß Ordnerüberprüfung/Ablehnung nach § 12 II S. 1 oder S. 2	x		x		x	
Nr. 2	Teilnahmeaufruf für verbotene/ aufgelöste Versammlung, falls nicht § 27 III	x		x		x	x
Nr. 3	Zuwiderhandlung Störungsverbot § 7 II, falls nicht nach § 27 IV strafbar	x		x	x	x	x
Nr. 4	Verstoß gegen Beschränkung/Verbot/Auflösung nach § 13 I, II oder § 23 I, falls nicht nach § 27 II strafbar	x		x		x	
Nr. 5	Verstoß Meldeauflagen nach § 14 II S. 2	x		x	x	x	
Nr. 6	Verstoß gegen Anordnung nach § 17 II oder § 18 II	x	x	x		x	
Nr. 7	Vermummung nach § 17 I Nr. 1 bei/ auf Weg zur Versammlung mit sich führen	x	x	x		x	
Nr. 8	Verstoß gegen Beschränkung/Verbot für symbolträchtige Orte/Tage gem. § 19	x		x	x	x	
Nr. 9	gerichtliche Beschränkungen zur Ausübung Versammlungsrecht missachtet	x		x	x	x	x

28 I Nr. 10	anwesend trotz Teilnahmeuntersagung/-ausschluss nach 14 II/24 I oder 14 III/24 II	x		x	x	x	x
Nr. 11	wer sich trotz Auflösung nach § 13 oder 23 nicht unverzüglich entfernt	x		x	x	x	x
Nr. 12	Teilnahme/Aufforderung entgegen § 20 I im Bannkreis	x		x		x	
	Höhe der Geldbuße[44]						
28 II	Nr. 1 bis Nr. 4 bis 1.500 Euro						
	Nr. 5 bis Nr. 11 bis 3.000 Euro						
	Nr. 12 bis 10.000 Euro						
<u>29</u>	<u>Einziehung</u>						
	bei Straftat nach § 27 oder Ordnungswidrigkeit nach § 28 möglich, § 74a StGB und § 23 OWiG gelten entsprechend	x	x	x	x	x	x

Abkürzungen: Nr. = Nummer, V = Versammlung, Va = Veranstaltung, ö = öffentlich, nö = nichtöffentlich, fH = unter freiem Himmel, gR = in geschlossenen Räumen.

§ 27 VersG NRW: Straftaten (§§ 3, 21–28 VersG)

(1) Wer als Veranstalterin oder Veranstalter oder Leitung eine öffentliche Versammlung trotz **vollziehbaren Verbots durchführt** oder trotz Auflösung oder **Unterbrechung** durch die Polizei **fortsetzt** oder eine öffentliche Versammlung unter freiem Himmel ohne Anzeige nach § 10 beziehungsweise ohne Ausnahmegenehmigung nach § 20 Absatz 2 durchführt, wird mit Freiheitsstrafe bis zu einem Jahr oder mit Geldstrafe bestraft.

(2) Wer als Leitung einer öffentlichen Versammlung unter freiem Himmel die Versammlung **wesentlich anders** durchführt, als die Veranstalterin oder der Veranstalter bei der Anmeldung angegeben haben, oder Beschränkungen nach § 13 Absatz 1 nicht nachkommt, wird mit Freiheitsstrafe bis zu sechs Monaten oder mit Geldstrafe bis zu 180 Tagessätzen bestraft.

44 Die abgestuften maximalen Geldbußen beziehen sich auf die zugeordneten Verstöße.

(3) Wer öffentlich in einer Versammlung oder durch **Verbreiten** von Schriften, Ton- oder Bildträgern, Abbildungen oder **anderen Darstellungen** zur Teilnahme an einer öffentlichen Versammlung auffordert, nachdem die Durchführung durch ein vollziehbares Verbot untersagt oder die Auflösung **angeordnet** worden ist, wird mit Freiheitsstrafe bis zu einem Jahr oder mit Geldstrafe bestraft.

(4) Wer in der **Absicht**, nicht verbotene Versammlungen zu behindern oder zu vereiteln, Gewalttätigkeiten **vornimmt** oder **androht** oder **grobe Störungen** verursacht, wird mit Freiheitsstrafe bis zu zwei Jahren oder mit Geldstrafe bestraft.

(5) Wer **bei Versammlungen** Waffen oder Gegenstände entgegen § 8 Absatz 1 Satz 1 Nummer 2 mit sich führt, wird mit Freiheitsstrafe bis zu zwei Jahren oder mit Geldstrafe bestraft. Ebenso wird bestraft, wer Waffen oder Gegenstände entgegen § 8 Absatz 1 Satz 1 Nummer 2 auf dem **Weg zu** einer Versammlung oder im **Anschluss an** eine Versammlung mit sich führt, zu der Versammlung hinschafft oder sie zur Verwendung bei ihr bereithält oder verteilt oder wer **bewaffnete Ordnerinnen** oder Ordner in öffentlichen Versammlungen einsetzt.

(6) Wer gegen die Leitung oder die Ordnerinnen oder Ordner einer Versammlung in der rechtmäßigen Ausübung von **Ordnungsaufgaben** Gewalt anwendet oder damit droht oder diese Personen während der rechtmäßigen Ausübung von Ordnungsaufgaben tätlich angreift, wird mit Freiheitsstrafe bis zu zwei Jahren oder mit Geldstrafe bestraft.

(7) Wer entgegen § 17 Absatz 1 Nummer 1 an öffentlichen Versammlungen unter freiem Himmel oder einer sonstigen öffentlichen Veranstaltung unter freiem Himmel in einer **Aufmachung**, die geeignet und den Umständen nach darauf gerichtet ist, die Feststellung der Identität zu verhindern, teilnimmt oder den Weg zu derartigen Veranstaltungen in einer solchen Aufmachung zurücklegt, wird mit Freiheitsstrafe bis zu zwei Jahren oder mit Geldstrafe bestraft. Ebenso wird bestraft, wer der Vorschrift des§ 17 Absatz 1 Nummer 2 zuwiderhandelt.

(8) Wer durch sein eigenes äußeres Erscheinungsbild, namentlich

1. durch das Tragen von Uniformen, Uniformteilen oder uniformähnlichen Kleidungsstücken oder
2. durch ein paramilitärisches Auftreten

dazu beiträgt, dass eine Versammlung unter Verstoß gegen § 18 Absatz 1 Gewaltbereitschaft vermittelt und dadurch einschüchternd wirkt, wird mit Freiheitsstrafe bis zu zwei Jahren oder mit Geldstrafe bestraft.

Quelle: DS 17/12423, S. 25–27; DS 17/15897, S. 1, Nr. 8.

Der § 27 VersG NRW beinhaltet das strafbare Verhalten bei und im Zusammenhang mit Versammlungen. In den ersten drei Absätzen werden die bisherigen Straftatbestände der §§ 23, 25 und 26 VersG übernommen. Die Absätze 4 bis 6 orientieren sich an dem Vorschlag des AK VR. Die Absätze 7 und 8 werden neu eingeführt. Dabei wird der achte Absatz durch den zweiten Änderungsantrag der Regierungskoalitionen leicht modifiziert, indem der Auffangtatbestand „in vergleichbarer Weise" ersatzlos gestrichen wird.

Der AK VR schlägt vor, einige Straftatbestände auf die Ebene bloßer Ordnungswidrigkeiten herabzusetzen. Dies soll der Versammlungsbehörde und der Polizei erlauben, flexibler auf Störungen reagieren zu können, ohne durch das Legalitätsprinzip zum Einschreiten gezwungen zu sein. Die Pönalisierungen könnten daneben verunsichernd bzw. einschüchternd auf Menschen wirken, die ihr Grundrecht wahrnehmen wollten. Dagegen argumentiert der Gesetzgeber mit dem starken Unrechtsgehalt bei Verstößen gegen grundlegende Pflichten und Prinzipien des versammlungsrechtlichen Rechtsregimes. Eine Einschüchterungswirkung erscheint ihm in einem Rechtsstaat mit geregelten Verfahren eher fragwürdig. Die Polizei könne bei Spitzenbelastungssituationen immer noch der Gefahrenabwehr Vorrang vor der Strafverfolgung einräumen. Es wäre eine grundsätzliche Aufgabe der Versammlungsbehörden, dem Grundsatz der Gesetzmäßigkeit durch Ahndung von strafbarem Verhalten Genüge zu tun und gegen solches Verhalten wirksam vorzugehen (DS 17/12423, S. 84, zu § 27; AK VR, S. 110, Nr. I–II).

Zu Abs. 1

Mit dem ersten Absatz bleibt die bisherige Strafbarkeit für Veranstalter/Leiter bei der Abhaltung verbotener oder aufgelöster sowie nicht angezeigter Versammlungen bestehen. Er entspricht dem derzeitigen § 26 VersG. Von Versammlungen können erhebliche Gefahren für die Grundrechte Dritter und öffentlicher Allgemeingüter ausgehen. Die Behörden müssen in der Lage sein, rechtzeitig Vorkehrungen treffen zu können, um diese Gefahren abzuwehren. Dies rechtfertigt die Fortgeltung der bisherigen Strafbarkeit, welche auch für eine Verletzung der Anzeigepflicht nach der Rechtsprechung des BVerfG zulässig ist (DS 17/12423, S. 85, zu § 27 I).

vollziehbare Verbot = Das versammlungsrechtliche Verbot ist nach Bekanntgabe durch Ablauf der Rechtsmittelfrist formell bestandskräftig und damit unanfechtbar geworden oder es enthält eine Anordnung der sofortigen Vollziehung gem. § 80 II Nr. 4 VwGO (Sebastian Brinsa [Breitbach/Deiseroth], S. 1023, Rd Nr. 20).

durchführen = Das bewusste Ingangsetzen der geplanten Abläufe ab der Eröffnung der Versammlung bis zu ihrem Ende (Sebastian Brinsa [Breitbach/Deiseroth], S. 1023, Rd Nr. 19).

Unterbrechung = Sie ist weder Auflösung noch Schließung, sondern ein vorübergehendes Ruhen des Ablaufs, wobei die jederzeitige Fortsetzung möglich bleibt (Michael Breitbach [Breitbach/Deiseroth], S. 571, Rd Nr. 38).

Fortsetzung = Der kollektive Meinungsäußerungsprozess wird im zeitlichen Kontext zur Auflösung oder Unterbrechung wieder aufgenommen. Veränderungen in der Versammlungsstruktur bleiben bei Weiterverfolgung des ursprünglichen Versammlungszwecks unbeachtlich (Sebastian Brinsa [Breitbach/Deiseroth], S. 1023, Rd Nr. 2).

Zu Abs. 2

Mit dem zweiten Absatz bleibt die bisherige Strafbarkeit für den Leiter bei einer von der Anmeldung durch den Veranstalter wesentlich abweichenden Durchführung bestehen. Die Vorschrift entspricht dem derzeitigen § 25 VersG. Die Beschränkungen können sowohl vor Beginn der Versammlung durch die Versammlungsbehörde als auch nach Versammlungsbeginn durch die Polizei verfügt sein (DS 17/12423 S. 85, zu § 27 II).

wesentlich anders = „[...] Wenn infolge der Abweichungen eine Lage entsteht, die es der Polizei nicht mehr ermöglicht, die Veranstaltung zu schützen bzw. das Versammlungsrecht mit kollidierenden Rechtsgütern zu harmonisieren." (Dietel u. a., S. 396, Rd Nr. 1).

Zu Abs. 3

Mit dem dritten Absatz bleibt das öffentliche „Werben" für eine verbotene bzw. aufgelöste Versammlung strafbar. Die Vorschrift entspricht dem derzeitigen § 23 VersG. Nach Meinung des Gesetzgebers handelt es sich bei solchem Verhalten um einen schweren Verstoß gegen die öffentliche Sicherheit und um einen ebensolchen Missbrauch der bürgerlichen Freiheiten (DS 17/12423, S. 85, zu § 27 III).

andere Darstellung = Ist jede sinnlich wahrnehmbare ***Verkörperung*** einer Vorstellung oder eines Gedankens, z. B. in den aufgeführten Formen als Schrift, Ton-/Bildträger, Abbildung, aber auch in jeder anderen Form.

> ***Verkörperung*** = Die inhaltliche Aussage der Darstellung ist mit gewisser Dauerhaftigkeit an ein Trägermedium gebunden (Sebastian Brinsa [Breitbach/Deiseroth], S. 1005, Rd Nr. 19–23).

verbreiten = Die „Darstellung" in ihrer Substanz einem größeren Personenkreis zugänglich machen. Unbeachtlich ist dabei jedoch, ob dieser tatsächlich zu deren Kenntnis gelangt (mit Hinweis auf BGH und BVerfG Dietel u. a., S. 393, Rd Nr. 5).

Anordnung = Eine verpflichtende Einzel- oder Allgemeinverfügung der Versammlungs- und/oder Polizeibehörde an Veranstalter, Leiter, Ordner oder Teilnehmer einer Versammlung (vgl. dazu Ulrike Lembke [Breitbach/Deiseroth], S. 930 f., Rd Nr. 81–83).

Zu Abs. 4

Mit dem vierten Absatz bleibt die bisherige im § 21 VersG verbotene „Versammlungsstörung" auch weiterhin strafbar. Verhalten, das das Friedlichkeitsgebot verletzt, ist durch Art. 8 GG nicht geschützt, sodass seine Strafbarkeit gerechtfertigt ist. Die Strafandrohung wird, unter Bezugnahme auf den Vorschlag des AK VR, von drei auf zwei Jahre abgesenkt.[45] Bei den normierten schwerwiegenden Tathandlungen kommt es für die Strafbarkeit nicht mehr auf die zumeist schwer zu beantwortende Frage an, ob der Täter die Versammlung verhindern oder behindern will (DS 17/12423, S. 85, zu § 27 IV; AK VR, S. 110 f., Nr. 1).

Absicht = Es kommt dem Täter darauf an (dolus directus 1. Grades), den Handlungserfolg, die Behinderung oder Vereitelung zu bewirken (Dietel u. a.: S. 388, Rd Nr. 8).

vornehmen = Die Ausführung der Tathandlung (Sebastian Brinsa [Breitbach/Deiseroth], S. 990, Rd Nr. 21) durch aktives Tun.

androhen = Ist die ausdrückliche oder schlüssige Ankündigung der bevorstehenden Vornahme der Gewalttätigkeit, auf die der Täter zumindest Einfluss hat. Sie muss objektiv bedrohlich sein und vom Bedrohten wenigstens im Großen und Ganzen ernst genommen werden (Sebastian Brinsa [Breitbach/Deiseroth], S. 990 f., Rd Nr. 22).

---

45 Die vorgesehene Höchststrafe von zwei Jahren entspricht dem Höchststrafmaß, das Art. 1 I Nr. 1 EGStGB für Regelungen des Landesrechts vorsieht (AK VR, S. 111 f., Nr. 4).

grobe Störung = Sie liegt vor bei „[...] Einwirkungen auf den ordnungsgemäßen Ablauf einer Versammlung oder eines Aufzuges [...], die als besonders schwere Beeinträchtigung des Veranstaltungs- oder Leitungsrechts empfunden werden und eine Unterbrechung, Behinderung, Auflösung oder Aufhebung der Versammlung bezwecken oder zur Folge haben können."[46]

Zu Abs. 5

Im fünften Absatz wird dem Vorschlag des AK VR folgend das „Waffenverbot", wie bisher im § 27 I und II Nr. 1 VersG, unter Strafe gestellt. Die neue Vorschrift wird allerdings sachgerecht modifiziert und das Strafmaß von bis zu einem Jahr auf bis zu zwei Jahre erhöht. Dies scheint dem Gesetzgeber aufgrund des Unwertgehalts solcher Taten als geboten. Nach Auffassung des AK VR steht es nicht im Widerspruch zu Art. 8 GG, der nur waffenloses Versammeln schützt. Wegen der potenziellen Gefahren von Waffen für Leib und Leben anderer befürwortet der AK VR eine Strafsanktion für solches Verhalten (DS 17/12423, S. 86, zu § 27 V; AK VR, S. 110 f., Nr. 1).

bei Versammlung = Umfasst ist der Zeitraum von der Eröffnung der Versammlung bis zu ihrer Beendigung.

Anschluss an Versammlung = Die Abmarschphase nach Beendigung der Versammlung.

Weg zu Versammlung = Die Anmarschphase bis zur Eröffnung der Versammlung (vgl. zu diesen auch die Definition für „bei oder im Zusammenhang mit einer Versammlung", S. 92). Mit Bezug zur Versammlung ist das Anlegen der Aufmachung ab dem Ort der Lagerung bis zum Versammlungsort und hier bis zum Beginn der Versammlung möglich (vgl. dazu Michael Breitbach/Till Oliver Rothfuß [Breitbach/Deiseroth], S. 507, Rd Nr. 86 f.).

bewaffnete Ordner = Dies sind solche, die gegen das Verbot des Mitführens von Waffen oder sonstigen gefährlichen Gegenständen (vgl. dazu Dietel u. a., S. 188, Buchst. aa) im Sinne des § 8 I VersG NRW verstoßen.

Zu Abs. 6

Im sechsten Absatz wird die gesetzlich eingeräumte Ordnungsfunktion der Leiter und Ordner einer Versammlung strafrechtlich abgesichert. Leiter und Ordner sollen gegen „Widerstand" durch tätliche Angriffe, Gewalt oder Drohung mit Gewalt bei der rechtmäßigen Ausübung ihrer Ordnungsaufgaben geschützt werden. Täter können Versammlungsteilnehmer oder Dritte sein. Soll durch den Widerstand die Versammlung behindert oder vereitelt wer-

46 WD, S. 6–7, Nr. 31.

den, richtet sich die Bestrafung nach Absatz 5. Der Gesetzgeber greift dabei den diesbezüglichen Vorschlag des AK VR auf. Es erfolgt zudem eine Ausweitung des Straftatbestandes gegenüber den §§ 22, 24 und 27 VersG auf die Durchführung nicht öffentlicher Versammlungen (DS 17/12423, S. 86, zu § 27 VI, AK VR, S. 111, Nr. 2).

Ordnungsaufgaben (Ordnungsfunktion) = Die Aufgabe obliegt dem Leiter der Versammlung, der sich dazu der Hilfe geeigneter Ordner bedienen kann. Sie umfasst alle zur Sicherung des geplanten Versammlungsablaufs erforderlichen Maßnahmen. Die Aufgaben sind zeitlich auf die Dauer der Versammlung, örtlich auf den Versammlungsraum, personell auf die Versammlungsteilnehmer und sachlich auf die Versammlungsführung und Wahrung der Sicherheit begrenzt (Dietel u. a., S. 182 f., Nr. 6).

Zu Abs. 7

Der siebte Absatz stellt bei öffentlichen Versammlungen unter freiem Himmel und Veranstaltungen unter freiem Himmel bestimmte Verstöße gegen das sog. „Vermummungs-/Schutzausrüstungsverbot" unter Strafe. Die derzeitige Regelung findet sich im § 27 II Nr. 1 und 2 VersG. Nach Ansicht des Gesetzgebers verstößt eine Vermummung in Sanktionsverhinderungsabsicht in besonders eklatanter Weise gegen die Grundrechtsausübung gem. Art. 8 GG. Ihre Strafbarkeit erscheint daher zwingend geboten, wobei am Strafmaß des geltenden Rechts festgehalten wird. Entsprechendes gilt zur Strafbarkeit von Verstößen gegen das Schutzausrüstungsverbot. Der § 27 VII VersG NRW verweist explizit auf die Bestimmungen im § 17 VersG (DS 17/12423, S. 86, zu § 27 VII).

Aufmachung = Dazu zählen alle Mittel zur Unkenntlichmachung der Augen-Nase-Mund-Partie (Ulrike Lembke [Breitbach/Deiseroth], S. 925, Rd Nr. 61).

Zu Abs. 8

Im achten Absatz werden Verstöße gegen das im ersten Entwurf sog. „Militanzverbot" aus § 18 I VersG NRW bei öffentlichen Versammlungen oder Veranstaltungen unter freiem Himmel unter Strafe gestellt. Nach der Sachverständigenanhörung wird der Begriff „Militanz" durch die Bezeichnung „Gewalt- und Einschüchterungsverbot" ersetzt. Der Auffangtatbestand „in vergleichbare Weise" wird gestrichen (DS 17/15897, S. 2; DS 17/15821, S. 3, Nr. 12).

Es ist bislang im § 3 i. V. m. § 28 VersG geregelt. Der Gesetzgeber folgt hier nicht dem Vorschlag des AK VR, der das Verhalten zu einer Ordnungswidrigkeit herabstufen will, da die Versammlungspraxis gezeigt habe, dass dieser faktisch keine große Bedeutung zukomme, wie in der öffentlichen Diskussion manchmal behauptet wird. Nach Ansicht des Gesetzgebers birgt diese Militanz ein erhebliches Konflikt- und Gewaltpotenzial. Wer die Versammlungsfreiheit missbrauche, um durch seine äußere Erscheinung andere sowie staatliche Organe unter Druck oder gar in Furcht zu versetzen, handele besonders verwerflich. Daher wäre an der Strafbarkeit einschließlich des bisherigen Strafrahmens festzuhalten.

Grundlage einer Strafbarkeit nach Absatz 8 ist ein Verstoß gegen die Vorschriften des § 8 VersG NRW. Die Strafbarkeit setzt ein „Dazubeitragen" voraus (DS 17/12423, S. 86, zu § 27 VIII; AK VR, S. 111 f., Nr. 4).

dazu beitragen = Wer durch sein äußeres Erscheinungsbild vorsätzlich in Einzel- oder Mittäterschaft ermöglicht, dass die Versammlung insgesamt Gewaltbereitschaft vermittelt und dadurch auf andere Personen einschüchternd wirkt (vgl. Gesetzestext).

§ 28 VersG NRW: Ordnungswidrigkeiten (§§ 29, 29a VersG)

(1) Ordnungswidrig handelt, wer

1. der Aufforderung, Namen und Adressen der vorgesehenen Ordnerinnen und Ordner gemäß § 12 Absatz 2 Satz 1 mitzuteilen, nicht nachkommt oder von der zuständigen Behörde gemäß § 12 Absatz 2 Satz 2 abgelehnte Personen als Ordnerin oder Ordner einsetzt,
2. zur Teilnahme an einer Versammlung aufruft, deren Durchführung vollziehbar verboten oder deren Auflösung vollziehbar angeordnet ist, soweit der Aufruf nicht bereits gemäß § 27 Absatz 3 strafbar ist,
3. dem Störungsverbot nach § 7 zuwiderhandelt, soweit die Zuwiderhandlung nicht bereits gemäß § 27 Absatz 4 strafbar ist,
4. unter den Voraussetzungen der § 13 Absatz 1 und 2, § 23 Absatz 1 erlassenen, vollziehbaren beschränkenden Verfügungen, Verboten oder Auflösungen zuwiderhandelt, soweit die Zuwiderhandlung nicht bereits gemäß § 27 Absatz 2 strafbar ist,
5. gegen Meldeauflagen nach § 14 Absatz 2 Satz 2 verstößt,
6. gegen Anordnungen zur Durchsetzung des Vermummungs- und Schutzausrüstungsverbots nach § 17 oder des Gewalt- und Einschüchterungsverbots nach § 18 verstößt,
7. entgegen § 17 Absatz 1 Nummer 1 bei einer öffentlichen Versammlung unter freiem Himmel oder einer sonstigen öffentlichen Veranstaltung

unter freiem Himmel oder auf dem Weg dorthin Gegenstände, die geeignet und den Umständen nach dazu bestimmt sind, die Feststellung der Identität zu verhindern, mit sich führt,

8. vollziehbaren beschränkenden Verfügungen oder Verboten gemäß § 19 zuwiderhandelt,
9. gerichtlichen Beschränkungen der Ausübung des Versammlungsrechts zuwiderhandelt,
10. ungeachtet einer gemäß § 14 Absatz 2, § 24 Absatz 1 ausgesprochenen Untersagung der Teilnahme an oder der Anwesenheit in der Versammlung anwesend ist oder sich nach einem gemäß § 14 Absatz 3, § 24 Absatz 2 angeordneten Ausschluss aus der Versammlung nicht unverzüglich entfernt,
11. sich trotz einer unter den Voraussetzungen der §§ 13 und 23 erfolgten Auflösung einer Versammlung nicht unverzüglich entfernt oder
12. entgegen § 20 Absatz 1 an einer öffentlichen Versammlung im befriedeten Bannkreis teilnimmt oder dazu auffordert.

(2) Die Ordnungswidrigkeit kann mit einer Geldbuße bis zu dreitausend Euro, in den Fällen des Absatz 1 Nummer 1 und 4 bis zu eintausendfünfhundert Euro geahndet werden. Die Ordnungswidrigkeit in dem Fall des Absatz 1 Nummer 12 kann mit einer Geldbuße bis zu zehntausend Euro geahndet werden.

Quelle: DS 17/12423, S. 27–28; DS 17/15821, S. 4, Nr. 16.

Im § 28 VersG NRW werden bestimmte Verstöße gegen versammlungsrechtliche Ge- oder Verbote als Ordnungswidrigkeiten mit Bußgeldern sanktioniert. Der Gesetzgeber hält die Sanktionierung gravierender Rechtsverstöße als Ordnungswidrigkeit für ein wichtiges Mittel, um die Verbindlichkeit der Verwaltungsakte und der sonstigen behördlichen Ge- und Verbote zu verdeutlichen. Das BVerfG sieht in der Belegung eines Fehlverhaltens mit einer Geldbuße eine nachdrückliche Pflichtenmahnung und eine förmliche Missbilligung des Betroffenen. Der Bußgeldkatalog entspricht im Wesentlichen den bislang im § 29 VersG geregelten Bußgeldtatbeständen und folgt weitestgehend dem Vorschlag des AK VR. Diese knüpfen an die erörterten Ge- und Verbote des VersG NRW an. Insofern kann hier auf die bereits erfolgten Ausführungen dazu verwiesen werden. Da Lücken bei der Verfolgung verbotswidrigen Verhaltens vermieden werden sollen, kann der Anschein entstehen, dass es bei einigen Rechtsverstößen zu Doppelregelungen als Straftat und Ordnungswidrigkeit kommen könnte. Diese Befürchtung ist jedoch unbegründet. Daher enthalten die Nr. 2, 3 und 4 des § 28 VersG NRW den ausdrücklichen Hinweis, dass der jeweilige Tatbestand als Ordnungswidrigkeit nur dann zu ahnden wäre, wenn der korrespondierende Straftatbestand nicht erfüllt ist. Daneben gebietet es der Verhältnismäßigkeitsgrundsatz, schwerwiegendes und daher strafbares Unrecht von weniger schwerwiegendem Unrecht, das als Ordnungswidrigkeit zu ahnden ist, zu differenzieren (DS 17/12423, S. 86 f., zu § 28; AK VR, S. 113 f., Nr. I–II).

Zu Abs. 1

Im ersten Absatz wird mit der Nr. 1 die nach behördlicher Aufforderung an den Veranstalter unterlassene Namens-/Adressnennung der eingesetzten Ordner sowie der Einsatz behördlich abgelehnter Ordner sanktioniert. In der ersten Alternative erfüllen auch bewusst gemachte unrichtige Angaben zu den Ordnern den Tatbestand. Nach Absatz 2 kann die Ordnungswidrigkeit mit einer Geldbuße bis zu 1.500 Euro belegt werden (AK VR, S. 115, Nr. 2).

Die Nr. 2 ist ein Auffangtatbestand für Handlungen, die nicht der Strafbarkeit nach § 27 III VersG NRW unterliegen (vgl.Gesetzestext, S. 127). Ergeht ein Teilnahmeaufruf auf andere Art und Weise für eine Versammlung, deren Durchführung vollziehbar verboten oder deren Auflösung vollziehbar angeordnet ist, so wird dies als Ordnungswidrigkeit sanktioniert. Hier folgt der Gesetzgeber nicht dem Vorschlag des AK VR, der alle Alternativen als Ordnungswidrigkeit sanktionieren will. Nach Absatz 2 kann die Ordnungswidrigkeit mit einer Geldbuße bis zu 3.000 Euro geahndet werden (AK VR, S. 115, Nr. 3).

Die Nr. 3 ist ein Auffangtatbestand für alle Störungen i. S. d. § 7 VersG NRW, die nicht bereits unter eine Strafbarkeit nach § 27 IV VersG NRW fallen. Auch hier folgt der Gesetzgeber nicht dem Vorschlag des AK VR. Dieser wollte nur die spezifische Verletzung des § 7 in Form der Blockade der Zufahrtswege zu einer Versammlung oder der Blockade der Strecke für einen Aufzug sowie sonstige erhebliche Störungen, die dem Ziel dienen, die Durchführung einer zulässigen Versammlung erheblich zu behindern oder zu vereiteln, als Ordnungswidrigkeit sanktionieren. Das aber auch nur dann, wenn zuvor eine behördliche Anordnung zur Unterbindung der Störung ergangen ist. Nach Absatz 2 kann die Ordnungswidrigkeit mit einer Geldbuße bis zu 3.000 Euro geahndet werden (AK VR, S. 115, Nr. 4).

Die Nr. 4 ist ebenfalls ein Auffangtatbestand bei erlassenen und vollziehbar beschränkenden Verfügungen, Verboten oder Auflösungen für Versammlungen unter freiem Himmel gem. den §§ 13 I, 13 II VersG NRW sowie Versammlungen in geschlossenen Räumen gem. § 23 I VersG NRW, die nicht bereits nach § 27 II VersG NRW strafbar sind. Hier folgt der Gesetzgeber dem Vorschlag des AK VR. Verfügungen, Verbote oder Auflösungen sind ein wesentliches Mittel der Gefahrenabwehr. Neben der Möglichkeit, sie mit Verwaltungszwang durchzusetzen, ist ihre Sanktionierung als Ordnungswidrigkeit erforderlich. Es sind nur solche Verfügungen sanktioniert, die als behördliche Maßnahmen auf die Abwehr konkreter und unmittelbarer Gefährdungen zielen. Darunter fallen beispielsweise keine Hinweise auf die allgemeine Rechtslage, die Benennung von Verhaltensanweisungen für abstrakt gefährliche Tatbestände oder vorsorgende Maßnahmen, die dem reibungslosen Ablauf einer Versammlung dienen. Nach Absatz 2 kann die Ordnungswidrigkeit mit einer Geldbuße bis zu 1.500 Euro geahndet werden (AK VR, S. 116, Nr. 6).

Mit der Nr. 5 werden Verstöße gegen behördliche sog. „Meldeauflagen" gem. § 14 II Satz 2 VersG NRW sanktioniert. Untersagt die Behörde jemandem die Teilnahme an einer Versammlung unter freiem Himmel, so soll sie zugleich anordnen, dass sich die Person innerhalb eines festgelegten Zeitrahmens oder zu einem bestimmten Zeitpunkt auf einer Polizeidienststelle einzufinden und sich dort mit einem Personaldokument auszuweisen hat (= Meldeauflage). Der Vorschlag des AK VR sieht dagegen keine solche Meldeauflagen vor. Nach Absatz 2 kann die Ordnungswidrigkeit mit einer Geldbuße bis zu 3.000 Euro geahndet werden (DS 17/12423, S. 86 f., zu § 28).

Die Nr. 6 sanktioniert Verstöße bei öffentlichen Versammlungen oder Veranstaltungen unter freiem Himmel gegen Anordnungen zur Durchsetzung des Vermummungs- und Schutzausrüstungsverbots nach § 17 VersG NRW oder gegen das Gewalt- und Einschüchterungsverbot nach § 18 VersG NRW. Der Gesetzgeber folgt hier dem Vorschlag des AK VR. Die Verstöße setzen voraus, dass die Verbote durch behördliche Anordnung im Einzelfall konkretisiert worden sind. Nach Absatz 2 kann die Ordnungswidrigkeit mit einer Geldbuße bis zu 3.000 Euro geahndet werden (AK VR, S. 116 f., Nr. 7).

Die Nr. 7 sanktioniert Verstöße bei öffentlichen Versammlungen oder Veranstaltungen unter freiem Himmel gegen das Vermummungsverbot im § 17 I Nr. 1 VersG NRW. Eine solche Regelung sieht der Vorschlag des AK VR nicht vor. Die Strafbarkeit für solche Fälle im § 27 VII VersG NRW setzt voraus, dass die „Vermummung" bei der Teilnahme bzw. auf dem Weg dorthin getragen wird. Eine Ordnungswidrigkeit liegt vor, wenn jemand „Vermummungsgegenstände", die geeignet und den Umständen nach dazu bestimmt sind, die Feststellung der Identität zu verhindern, bei einer Versammlung oder auf dem Weg dorthin mit sich führt. Nach Absatz 2 kann die Ordnungswidrigkeit mit einer Geldbuße bis zu 3.000 Euro geahndet werden (DS 17/12423, S. 86 f., zu § 28).

Die Nr. 8 sanktioniert Verstöße bei Versammlungen unter freiem Himmel gegen vollziehbare beschränkende Verbote oder Verfügungen an symbolträchtigen Orten oder Tagen gem. § 19 VersG NRW. Hier folgt der Gesetzgeber dem Vorschlag des AK VR. Nach Absatz 2 kann die Ordnungswidrigkeit mit einer Geldbuße bis zu 3.000 Euro geahndet werden (AK VR, S. 117, Nr. 8).

Die Nr. 9 sanktioniert Zuwiderhandlungen gegen gerichtliche Beschränkungen bei der Ausübung des Versammlungsrechts. Hier orientiert sich der Gesetzgeber weitestgehend am Vorschlag des AK VR. Dieser hat jedoch statt der Formulierung „gerichtlichen Beschränkungen" „eine im Verfahren des gerichtlichen Eilschutzes erfolgten Beschränkung" vorgeschlagen. Der AK VR argumentiert damit, dass Rechtsschutz in versammlungsrechtlichen Streitigkeiten zumeist in gerichtlichen Eilverfahren erfolgt. Dabei nähmen die Gerichte i. d. R. keine abschließenden rechtlichen Bewertungen vor, sondern stützten ihre Eilentscheidung auf eine Folgenabwägung. In ihrer inhaltlichen Reichweite wären die Eilentscheidungen jedoch mit beschränkenden Verfügungen der Behörde vergleichbar. Beide wollen Gefahren, die aus Versammlungen resultieren, vorbeugen. Behördliche Verfügung und gerichtliche Eilentscheidung wären daher hinsichtlich ihrer Rechtsfolgen, hier als Ordnungswidrigkeit, gleichzusetzen. Nach Absatz 2 kann die Ordnungswidrigkeit mit einer Geldbuße bis zu 3.000 Euro geahndet werden (AK VR, S. 117, Nr. 10).

Mit der Nr. 10 folgt der Gesetzgeber dem Vorschlag des AK VR. Danach wird eine Person sanktioniert, die ungeachtet einer behördlich ausgesprochenen Untersagung der Teilnahme oder der Anwesenheit in einer Versammlung unter freiem Himmel (§ 14 II, III VersG NRW) bzw. in geschlossenen Räumen (§ 24 I, II VersG NRW) anwesend ist oder sich nach einem angeordneten Ausschluss aus dieser Versammlung nicht unverzüglich entfernt. Nach Absatz 2 kann die Ordnungswidrigkeit mit einer Geldbuße bis zu 3.000 Euro geahndet werden (AK VR, S. 117 f., Nr. 11).

Mit der Nr. 11 folgt der Gesetzgeber ebenfalls dem Vorschlag des AK VR. Sanktioniert wird danach eine Person, die sich bei einer Versammlung unter freiem Himmel bzw. bei einer solchen in geschlossenen Räumen trotz einer unter den Voraussetzungen § 13 VersG NRW bzw. des § 23 VersG NRW erfolgten Auflösung der Versammlung nicht unverzüglich entfernt. Nach Absatz 2 kann die Ordnungswidrigkeit mit einer Geldbuße bis zu 3.000 Euro geahndet werden (AK VR. S. 118, Nr. 12).

Die Nr. 12 sanktioniert die Teilnahme bzw. die Aufforderung zur Teilnahme an einer öffentlichen Versammlung im befriedeten Bannkreis des Landtages gem. § 20 I VersG NRW. Anders als vom AK VR vorgeschlagen, hält der Gesetzgeber an einem ausnahmslosen Versammlungsverbot um den Landtag fest (vgl. oben S. 107). Nach Absatz 2 kann die Ordnungswidrigkeit mit einer Geldbuße bis zu 10.000 Euro geahndet werden (AK VR, S. 117, Nr. 9).

Zu Abs. 2

Im zweiten Absatz des § 28 VersG NRW legt der Gesetzgeber die Höhe des möglichen Bußgeldes bei Verstößen fest. Der AK VR schlägt zwei Abstufungen vor: bis zu 3.000 Euro und bis zu 1.500 Euro. Der Gesetzgeber folgt dem überwiegend – belegt einen Verstoß gegen die „Bannmeile“ allerdings mit bis zu 10.000 Euro Geldbuße. Damit weist er dem Schutz des Parlamentes einen besonderen Stellenwert zu. Bei allen Ordnungswidrigkeiten nach dem VersG NRW ist der jeweiligen Schwere der Verstöße im Einzelfall Rechnung zu tragen. Dies ermöglicht der Gesetzgeber durch die Setzung von „Bußgeldrahmen“ (bis zu ...). Die Geldbuße darf auch nur dann verhängt werden, wenn die Anordnung, gegen die verstoßen worden ist, rechtmäßig ist. Dieser allgemeine Rechtsgrundsatz bedarf allerdings keiner besonderen Erwähnung im Gesetz (AK VR. S. 118, Nr. 13 + 14).

§ 29 VersG NRW: Einziehung (30 VersG)

Gegenstände, auf die sich eine Straftat nach § 27 oder eine Ordnungswidrigkeit nach § 28 bezieht, können eingezogen werden.
§ 74a des Strafgesetzbuches in der Fassung der Bekanntmachung vom 13. November 1998 (BGBl. I S. 3322), das zuletzt durch Artikel 47 des Gesetzes vom 21. Dezember 2020 (BGBl. I S. 3096) geändert worden ist, und § 23 des Gesetzes über Ordnungswidrigkeiten in der Fassung der Bekanntmachung vom 19. Februar 1987 (BGBl. I S. 602), das zuletzt durch Artikel 3 des Gesetzes vom 30. November 2020 (BGBl. I S. 2600) geändert worden ist, sind anzuwenden.

---

§ 74 StGB: Einziehung von Tatprodukten, Tatmitteln und Tatobjekten bei Tätern und Teilnehmern

(1) Gegenstände, die durch eine vorsätzliche Tat hervorgebracht (**Tatprodukte**) oder zu ihrer Begehung oder Vorbereitung gebraucht worden oder bestimmt gewesen sind (**Tatmittel**), können eingezogen werden.

(2) Gegenstände, auf die sich eine Straftat bezieht (**Tatobjekte**), unterliegen der Einziehung nach der Maßgabe besonderer Vorschriften.

(3) Die Einziehung ist nur zulässig, wenn die Gegenstände zur Zeit der Entscheidung dem Täter oder Teilnehmer gehören oder zustehen. Das gilt auch

für die Einziehung, die durch eine besondere Vorschrift über Absatz 1 hinaus vorgeschrieben oder zugelassen ist.

§ 74a StGB: Einziehung von Tatprodukten, Tatmitteln und Tatobjekten bei anderen

Verweist ein Gesetz auf diese Vorschrift, können Gegenstände abweichend von § 74 Absatz 3 auch dann eingezogen werden, wenn derjenige, dem sie zur Zeit der Entscheidung gehören oder zustehen,

1. mindestens leichtfertig dazu beigetragen hat, dass sie als Tatmittel verwendet worden oder Tatobjekt gewesen sind, oder
2. sie in Kenntnis der Umstände, welche die Einziehung zugelassen hätten, in verwerflicher Weise erworben hat.

§ 22 OWiG: Einziehung von Gegenständen

(1) Als Nebenfolge einer Ordnungswidrigkeit dürfen Gegenstände nur eingezogen werden, soweit das Gesetz es ausdrücklich zuläßt.

(2) Die Einziehung ist nur zulässig, wenn

1. die Gegenstände zur Zeit der Entscheidung dem Täter gehören oder zustehen oder
2. die Gegenstände nach ihrer Art und den Umständen die Allgemeinheit gefährden oder die Gefahr besteht, daß sie der Begehung von Handlungen dienen werden, die mit Strafe oder mit Geldbuße bedroht sind.

(3) Unter den Voraussetzungen des Absatzes 2 Nr. 2 ist die Einziehung der Gegenstände auch zulässig, wenn der Täter nicht vorwerfbar gehandelt hat.

§ 23 OWiG: Erweiterte Voraussetzungen der Einziehung

Verweist das Gesetz auf diese Vorschrift, so dürfen die Gegenstände abweichend von § 22 Abs. 2 Nr. 1 auch dann eingezogen werden, wenn derjenige, dem sie zur Zeit der Entscheidung gehören oder zustehen,

1. wenigstens leichtfertig dazu beigetragen hat, daß die Sache oder das Recht Mittel oder Gegenstand der Handlung oder ihrer Vorbereitung gewesen ist, oder
2. die Gegenstände in Kenntnis der Umstände, welche die Einziehung zugelassen hätten, in verwerflicher Weise erworben hat.

§ 46 OWiG: Anwendung der Vorschriften über das Strafverfahren

(1) Für das Bußgeldverfahren gelten, soweit dieses Gesetz nichts anderes bestimmt, sinngemäß die Vorschriften der allgemeinen Gesetze über das

Strafverfahren, namentlich der Strafprozeßordnung, des Gerichtsverfassungsgesetzes und des Jugendgerichtsgesetzes.

(2) Die Verfolgungsbehörde hat, soweit dieses Gesetz nichts anderes bestimmt, im Bußgeldverfahren dieselben Rechte und Pflichten wie die Staatsanwaltschaft bei der Verfolgung von Straftaten.

Quelle: DS 17/12423, S. 28 sowie StGB und OWiG.

Der § 29 VersG NRW ermöglicht die Einziehung sichergestellter Gegenstände, auf die sich eine Straftat nach § 27 VersG NRW oder eine Ordnungswidrigkeit nach § 28 VersG NRW beziehen. Der Gesetzgeber übernimmt damit den Vorschlag des AK VR. Die bisherige Regelung befindet sich im § 30 VersG (DS 17/12423, S. 87, zu § 29; AK VR, S. 118, zu § 29).

Auch bei Straftaten oder Ordnungswidrigkeiten[47] nach dem Versammlungsgesetz richtet sich die Einziehung grundsätzlich nach den diesbezüglichen allgemeinen Vorschriften des StGB oder des OWiG (vgl. a. a. O.):

Der erste Satz der Vorschrift regelt die sog. „Sicherungseinziehung“ von Gegenständen. Sofern es sich bei diesen um „Tatprodukte“ oder „Tatmittel“ handelt, ist für ihre Einziehung § 74 StGB bzw. § 22 OWiG einschlägig.

Tatprodukt = Dies sind Gegenstände, die durch eine vorsätzliche Tat hervorgebracht wurden (§ 74 I StGB).

Tatmittel = Dies sind Gegenstände, die zur Vorbereitung oder Begehung einer vorsätzlichen Tat gebraucht werden oder bestimmt sind (a. a. O.).

Handelt es sich bei den Objekten um Tatobjekte, sog. Beziehungsgegenstände, findet der zweite Absatz des § 74 StGB Anwendung.

Beziehungsgegenstände (Tatobjekte) = Dies sind alle Gegenstände, auf die sich eine Straftat bezieht (§ 74 II StGB).

Für diese Fälle der Tatobjekte (Beziehungsgegenstände) verweist der § 74 II StGB auf ihre mögliche Einziehung nach Maßgabe besonderer Vorschriften. Eine dieser besonderen Vorschriften ist der § 29 VersG NRW oder der § 22 I OWiG (vgl. dazu ausführlich Sebastian Brinsa [Breitbach/Deiseroth], S. 1062–1064, § 30). Beziehungsgegenstände unterscheiden sich von Tatprodukten und -mitteln dadurch, „[...] dass sie notwendiger Gegenstand der Tat sind [...] und bereits der bloße Kontakt des Täters mit ihnen den Tatbestands-

47 Auf die rechtlichen Voraussetzungen für die Einziehung bei Straftaten oder Ordnungswidrigkeiten im StGB und OWiG sowie die prozessualen Abläufe in der Strafprozessordnung soll hier nicht näher eingegangen, sondern nur auf die einschlägigen Gesetzeskommentierungen verwiesen werden.

erfolg ausmacht, während dieser für Tatprodukte deren Entstehungsgrund und für Tatmittel den Zweck ihrer Verwendung darstellt, [...]" (a. a. O.: S. 1063, Rd Nr. 1). So können beispielsweise mitgeführte Waffen, Schutzausrüstung, Uniformen, gleichartige Kleidungsstücke oder Vermummungsgegenstände als Beziehungsgegenstand eingezogen werden. Über eingezogene Gegenstände bei Straftaten entscheidet das Gericht und bei Ordnungswidrigkeiten die zuständige Verfolgungsbehörde, also die Kreispolizeibehörde (vgl. auch Dietl u. a., S. 413, § 30).

Der zweite Satz des § 29 regelt die sog. „Dritteinziehung". Sofern die einzuziehenden Gegenstände im Eigentum eines Dritten stehen, lässt er dies unter den Voraussetzungen des § 74a StGB bzw. des 23 OWiG zu. Nach rechtskräftiger Einziehung geht das Eigentum an dem Gegenstand auf den Staat über (DS 17/12423, S. 87, zu § 29; AK VR, S. 118, zu § 29).

2.6 Teil 5: Kosten, Entschädigung, Schadenersatz

Im fünften Teil des VersG NRW werden in den §§ 30 und 31 die Kostenerhebung sowie Entschädigung und Schadenersatz geregelt. Einen ersten Überblick bietet das folgende Schaubild 8.

Schaubild 8: VersG NRW Teil 5 „Kosten, Entschädigung, Schadenersatz" nach Paragrafen, Regelungsbereich und Art der Versammlung

§	Regelungsbereich	V	Va	ö	nö	fH	gR
Teil 5	Kosten, Entschädigung, Schadenersatz[48]						
30	Kosten Amtshandlungen nach VersG NRW sind kostenfrei	x	x	x	x	x	x
31	Entschädigung und Schadenersatz Anwendung der allgemeinen Entschädigungsregelungen, weitergehende Ersatzansprüche bleiben unberührt	x	x	x	x	x	x

Abkürzungen: V = Versammlung, Va = Veranstaltung, ö = öffentlich, nö = nichtöffentlich, fH = unter freiem Himmel, gR = in geschlossenen Räumen.

48 Die Vorschriften im fünften Teil gelten grundsätzlich für die vorherigen Teile des Gesetzes.

§ 30 VersG NRW Kosten (--- VersG)

Amtshandlungen nach diesem Gesetz sind kostenfrei.

Quelle: DS 17/12423, S. 29.

Im § 30 VersG NRW stellt der Gesetzgeber kurz und knapp klar, dass Amtshandlungen nach dem VersG NRW, als „Demokratiekosten" (Dietl u. a. S. 117 f., Nr. 8), kostenfrei sind. Er folgt damit dem Vorschlag des AK VR. Eine entsprechende Regelung enthält das bisherige VersG nicht. Damit trifft der Gesetzgeber eine abschließende, den allgemeinen Vorschriften vorgehende Regelung für die Erhebung von Gebühren oder Auslagen durch die zuständige Behörde anlässlich von Versammlungen. Dies betrifft jedoch nicht solche Vollstreckungsmaßnahmen, die z. B. nach Auflösung einer Versammlung oder nach Ausschluss eines Teilnehmers ergriffen werden. Hier sind Kostenerhebungen auch weiterhin möglich.

Nach den allgemeinen Regelungen in den Verwaltungskosten- und Gebührengesetzen der Länder könnten für Amtshandlungen nach dem VersG zwar grundsätzlich Kosten erhoben werden, sofern die öffentliche Leistung individuell zurechenbar ist. Allerdings hat das BVerfG dies insofern eingeschränkt, als es nur für solche versammlungsrechtliche Maßnahmen zulässig wäre, die der Abwehr einer konkreten Gefahr dienen. Auch dürften keine Gebühren für bloße Hinweise auf die Rechtslage, auf allgemeine Verhaltensweisen oder vorsorgende Hinweise, die dem reibungslosen Ablauf einer Versammlung dienen sollen, erhoben werden.

Der AK VR führt richtigerweise zahlreiche Argumente an, die gegen eine solche Kostenerhebung bei Versammlungen sprechen:

- Versammlungen liegen in einer freiheitlich-rechtsstaatlichen Demokratie auch im Interesse der Allgemeinheit. Die Kosten sind daher auch durch diese, also „den Staat", zu tragen.
- Die Aussicht auf Belastungen durch Gebühren könnte die Menschen davon abhalten, ihr Grundrecht auszuüben.
- Eine Kostenerhebung könnte einschüchternde Wirkungen entfalten.
- Der Prüfungs-/Vollzugsaufwand der Versammlungsbehörde stünde außer Verhältnis zu den Einnahmen durch die Gebühren.
- Aus Gründen der erforderlichen individuellen Zurechenbarkeit käme faktisch nur eine Belastung des Veranstalters in Betracht (DS 17/12423, S. 87, zu § 29; AK VR, S. 118–121, zu § 30).

§ 31 VersG NRW: Entschädigung und Schadenersatz (--- VersG)

Die allgemeinen Entschädigungsregelungen finden Anwendung. Weitergehende Ersatzansprüche, insbesondere aus Amtspflichtverletzung, bleiben unberührt.

---

§ 67 Polizeigesetz – Entschädigungsansprüche
Die §§ 39 bis 43 des Ordnungsbehördengesetzes finden entsprechende Anwendung (vgl. PolG NRW, § 67).

Art. 34 Grundgesetz – Amtspflichtverletzung

Verletzt jemand in Ausübung eines ihm anvertrauten öffentlichen Amtes die ihm einem Dritten gegenüber obliegende Amtspflicht, so trifft die Verantwortlichkeit grundsätzlich den Staat oder die Körperschaft, in deren Dienst er steht. Bei Vorsatz oder grober Fahrlässigkeit bleibt der Rückgriff vorbehalten. Für den Anspruch auf Schadensersatz und für den Rückgriff darf der ordentliche Rechtsweg nicht ausgeschlossen werden (vgl. GG, Art. 34).

§ 839 Bürgerliches Gesetzbuch – Haftung bei Amtspflichtverletzung
(1) Verletzt ein Beamter vorsätzlich oder fahrlässig die ihm einem Dritten gegenüber obliegende Amtspflicht, so hat er dem Dritten den daraus entstehenden Schaden zu ersetzen. Fällt dem Beamten nur Fahrlässigkeit zur Last, so kann er nur dann in Anspruch genommen werden, wenn der Verletzte nicht auf andere Weise Ersatz zu erlangen vermag.

(2) Verletzt ein Beamter bei dem Urteil in einer Rechtssache seine Amtspflicht, so ist er für den daraus entstehenden Schaden nur dann verantwortlich, wenn die Pflichtverletzung in einer Straftat besteht. Auf eine pflichtwidrige Verweigerung oder Verzögerung der Ausübung des Amts findet diese Vorschrift keine Anwendung.

(3) Die Ersatzpflicht tritt nicht ein, wenn der Verletzte vorsätzlich oder fahrlässig unterlassen hat, den Schaden durch Gebrauch eines Rechtsmittels abzuwenden (vgl. BGB, § 839).

Quelle: DS 17/12423, S. 29.

Der § 31 ist mit dem Vorschlag des AK VR identisch. Er regelt Entschädigung und Ersatzansprüche, die bislang im VersG nicht explizit geregelt sind.

Die Aufnahme in das VersG NRW hat eine ausschließlich klarstellende Funktion. Anders als das bisherige VersG und andere Landesversammlungsgesetze regelt das VersG NRW im § 13 III und 23 IV erstmalig die Voraussetzungen und Grenzen des sog. „polizeilichen Notstands" für das Versammlungsrecht, der ggf. eine Entschädigung für den Betroffenen nach sich zieht. Da solche Fälle in der Praxis eher selten vorkommen werden, ist eine gesonderte Regelung für Entschädigung und Schadenersatz entbehrlich. Es gelten, soweit ihre Voraussetzungen vorliegen, die allgemeinen Regelungen und staatshaftungsrechtlichen Grundsätze. In NRW sind solche Entschädigungsansprüche im § 67 Polizeigesetz (PolG NRW) geregelt, der auf die entsprechende Anwendbarkeit der §§ 39 bis 43 Ordnungsbehördengesetz (OBG NRW) verweist. Für Amtspflichtverletzungen gilt Art. 34 GG i. V. m. § 839 BGB[49] (DS 17/12423, S. 87, zu § 31; AK VR, S. 121, zu § 31).

49 Auf die rechtlichen Voraussetzungen für Entschädigungsregelungen und weitergehende Ersatzansprüche soll hier nicht näher eingegangen, sondern nur auf die einschlägigen Gesetzeskommentierungen verwiesen werden.

2.7 Teil 6: Zuständigkeit, Einschränkung von Grundrechten, Inkrafttreten

Im sechsten Teil des VersG NRW werden in den §§ 32 bis 35 die behördliche Zuständigkeit für Versammlungen, die Einschränkungen bestimmter Grundrechte, eine Berichtspflicht sowie das Inkrafttreten des Gesetzes geregelt. Einen ersten Überblick bietet das folgende Schaubild 9.

Schaubild 9: VersG NRW Teil 6 „Zuständigkeit, Einschränkungen von Grundrechten, Inkrafttreten" nach Paragrafen, Regelungsbereich und Art der Versammlung

§	Regelungsbereich	V	Va	ö	nö	fH	gR
Teil 6	Zuständigkeit, Einschränkung von Grundrechten, Inkrafttreten[50]						
32	Zuständigkeit wie bisher auch die Kreispolizeibehörde	x	x	x	x	x	x
33	Einschränkung von Grundrechten – Versammlungsfreiheit, Art. 8 GG – informationelle Selbstbestimmung, Art. 1 I und 2 I GG – Freizügigkeit, Art. 11 I GG – Eigentum, Art. 14 GG	x	x	x	x	x	x
34	Inkrafttreten am Tag nach Verkündung	x	x	x	x	x	x

Abkürzungen: V = Versammlung, Va = Veranstaltung, ö = öffentlich, nö = nichtöffentlich, fH = unter freiem Himmel, gR = in geschlossenen Räumen.

§ 32 VersG NRW: Zuständigkeit (--- VersG)

Zuständige Behörde nach diesem Gesetz ist die Kreispolizeibehörde. Örtlich zuständig ist die Kreispolizeibehörde, in deren Bezirk die Versammlung stattfindet.

Zuständigkeitsverordnung nach dem Versammlungsgesetz (ZustVO VersG)

§ 1 Zuständige Behörde nach § 2 Abs. 3, § 5, § 14, § 15 und § 17 a Abs. 3 und 4 des Versammlungsgesetzes in der Fassung der Bekanntmachung

50 Die Vorschriften im sechsten Teil gelten grundsätzlich für die vorherigen Teile des Gesetzes.

vom 15. November 1978 (BGBl. I S. 1789), geändert durch Gesetz vom 18. Juli 1985 (BGBl. I S. 1511), ist die Kreispolizeibehörde.

§ 2 Die Zuständigkeit für die Verfolgung und Ahndung von Ordnungswidrigkeiten nach § 29 des Versammlungsgesetzes wird der Kreispolizeibehörde übertragen.

§ 3 Die Verordnung tritt am Tage nach ihrer Verkündung in Kraft.

Quelle: DS 17/12423, S. 29.

Anders als im Vorschlag des AK VR legt der Gesetzgeber im § 32 VersG NRW fest, welche Behörde für das VersG NRW zuständig ist. Eine diesbezügliche Regelung enthält das derzeitige VersG nicht, da es den jeweiligen Ländern die Regelung der Zuständigkeiten überlässt. Diese haben in unterschiedlicher Weise davon Gebrauch gemacht. In einigen Ländern ist es die Polizeibehörde, in anderen sind es die Ordnungsbehörden und in weiteren bestimmte Polizeipräsidien (vgl. Dietl u. a., S. 115–117, Nr. 7; tabellarische Übersicht auf S. 547–549, Nr. 3).

Bislang ist die Zuständigkeit in NRW durch Verordnung (vgl. oben ZustVO VersG) den Kreispolizeibehörden übertragen. An dieser Regelung, die sich nach Ansicht des Gesetzgebers jahrzehntelang bewährt hat, wird festgehalten (DS 17/12423, S. 87, zu § 34).

§ 33 VersG NRW: Einschränkung von Grundrechten (§ 20 VersG)

Die Grundrechte auf Versammlungsfreiheit nach Artikel 8 des Grundgesetzes, informationelle Selbstbestimmung nach Artikel 1 Absatz 1 in Verbindung mit Artikel 2 Absatz 1 des Grundgesetzes, auf Freizügigkeit nach Artikel 11 Absatz 1 des Grundgesetzes sowie auf Eigentum nach Artikel 14 des Grundgesetzes werden nach Maßgabe dieses Gesetzes eingeschränkt.

Art. 19 I GG – Zitiergebot

(1) Soweit nach diesem Grundgesetz ein Grundrecht durch Gesetz oder auf Grund eines Gesetzes eingeschränkt werden kann, muß das Gesetz allgemein und nicht nur für den Einzelfall gelten. Außerdem muß das Gesetz das Grundrecht unter Angabe des Artikels nennen.

Quelle: DS 17/12423, S. 29.

Der § 33 VersG NRW beinhaltet das sog. „Zitiergebot" nach Artikel 19 I Satz 2 GG. Der AK VR folgt der Rechtsprechung des BVerfG und nennt, wie auch im derzeitigen VersG geregelt, ausschließlich das Grundrecht der Versammlungsfreiheit aus Art. 8 GG (vgl. dazu Dietl u. a., S. 383 f., § 20). Der Gesetzgeber geht weiter, indem er nunmehr im § 33 VersG NRW auch die informationelle Selbstbestimmung, die Freizügigkeit und das Eigentum anführt. Allerdings führt er dabei die Meinungsfreiheit nach Art. 5 GG nicht auf, ohne dies zu begründen (DS 17/12423, S. 87, zu § 33; AK VR, S. 121 f., zu § 32).

§ 34 VersG NRW: Berichtspflicht (--- VersG)

Die Landesregierung überprüft die Auswirkungen dieses Gesetzes und berichtet dem Landtag bis zum 31. Dezember 2023 und danach alle fünf Jahre über die Erfahrungen mit diesem Gesetz.

Quelle: DS 17/15821, S. 4, Nr. 17.

Nach der Sachverständigenanhörung wird die im ersten Entwurf noch nicht vorgesehene § 34 zur Berichtspflicht eingefügt.

Der Gesetzgeber stellt dazu fest, dass es dem Landtag auch ohne eine explizite Regelung zur Berichtspflicht jederzeit freistünde, solche Berichte anzufordern.

Er habe sich trotzdem für eine Aufnahme in das Gesetz entschlossen, da dieses neu sei und man mit erheblichen bürgerschaftlichen Auswirkungen rechnen müsse. Daher wäre es sinnvoll und geboten, eine diesbezügliche gesetzliche Verankerung vorzunehmen und die Berichtspflicht mit einem konkreten Datum zu versehen. Dadurch würde der Landesregierung ermöglicht, die Evaluierung frühzeitig ins Werk zu setzen, um dem Landtag termingerecht und substanziell gerade über die strittigen Regelungen berichten zu können (DS 17/15821, S. 10, zu Nr. 16 und 17).

§ 35 VersG NRW: Inkrafttreten (§ 33 VersG)

Dieses Gesetz tritt am Tag nach der Verkündung in Kraft.

Quelle: DS 17/12423, S. 29; DS 17/15821, S. 4, Nr. 18.

Der Gesetzgeber hat das Inkrafttreten (vgl. dazu Michael Breitbach [Breitbach/Deiseroth], S. 1065 f., zu § 33) des Gesetzes auf den Tag nach seiner Verkündung festgelegt.

Die Verkündung des Gesetzes erfolgte am 06.01.2022, sodass es am 07.01.2022 in Kraft getreten ist.[51]

51 GV. NRW., § 35.

Literaturverzeichnis

AK VR	Christoph Enders/Wolfgang Hoffmann-Riem/Ralf Poscher/Michael Kniesel/Helmut Schule-Fielitz 2010: Musterentwurf eines Versammlungsgesetzes (MW VersG). o. O.
Alexy u. a.	Lennart Alexy/Andreas Fisahn/Susanne Hähnchen/Tobias Mushoff/Uwe Trepte 2019: Das Rechtslexikon. Begriffe, Grundlagen, Zusammenhänge. In: BpB (Hrsg.): Schriftenreihe, Band 10466. Bonn
BannMG	Bannmeilengesetz des Landtags Nordrhein-Westfalen i. d. F. v. 02.10.2014, GV. NRW. 2014 S. 622
BGB	Bürgerliches Gesetzbuch i. d. F. v. 21.12.2021, BGBl. I S. 5252
Breitbach/ Deiseroth	Michael Breitbach/Dieter Deiseroth (Hrsg.) 2020: Versammlungsrecht des Bundes und der Länder, 2. Auflage. Baden-Baden
Brenneisen u. a.	Hartmut Brenneisen/Michael Wilksen/Dirk Staack/Michael Martins 2020: Versammlungsrecht. Das hoheitliche Eingriffshandeln im Versammlungsrecht, 5. Auflage. Hilden
Dietel u. a.	Alfred Dietel/Kurt Ginzel/Michael Kniesel/Frank Braun/Christoph Keller 2019: Versammlungsgesetze. Kommentierung des Versammlungsgesetzes des Bundes und der Versammlungsgesetze der Länder, 18. Auflage. Köln
Döhmer	Tronje Döhmer 2021: Leitsatzkommentar Demonstrationsrecht – Versammlungsgesetz, http://www.leitsatzkommentar.de/VersammlungsG.htm, Zugriff: 26.01.2021
DS 17/11673	Versammlungsfreiheitsgesetz für das Land Nordrhein-Westfalen, Gesetzentwurf der Fraktion der SPD vom 03.11.2020
DS 17/12423	Gesetz zur Einführung eines nordrhein-westfälischen Versammlungsgesetzes und zur Änderung weiterer Vorschriften (VersammlungsgesetzEinführungsgesetz NRW – VersGEinfG NRW), Gesetzentwurf der Landesregierung vom 21.01.2021

DS 17/15821	Änderungsantrag der Fraktion der CDU und der Fraktion der FDP zum Gesetzentwurf der Landesregierung DS 17/12423 vom 06.12.2021
DS 17/15897	Änderungsantrag der Fraktion der CDU und der Fraktion der FDP zum Gesetzentwurf der Landesregierung DS 17/12423 vom 08.12.2021
DS 17/15915	Beschlussempfehlung und Bericht des Innenausschusses zum Gesetzentwurf der Landesregierung DS 17/12423 vom 08.12.2021
GG	Grundgesetz für die Bundesrepublik Deutschland i. d. F. v. 29.09.2020, BGBl. I S. 2048
GV. NRW.	Gesetz zur Einführung eines nordrhein-westfälischen Versammlungsgesetzes und zur Änderung weiterer Vorschriften (VersammlungsgesetzEinführungsgesetz NRW – VersGEinfG NRW) vom 17.12.2021, GV. NRW. 2022 S. 2
Knape/Schönrock	Michael Knape/Sabrina Schönrock 2016: Allgemeines Polizei- und Ordnungsrecht für Berlin. Kommentar für Ausbildung und Praxis, 11., überarbeitete und aktualisierte Auflage. Hilden.
Landtag NRW	Landtag NRW 2021: Webseite, https://www.landtag.nrw.de/home.html
LV NRW	Verfassung für das Land Nordrhein-Westfalen i. d. F. v. 30.06.2020, GV. NRW. 2020 S. 644
OBG	Gesetz über Aufbau und Befugnisse der Ordnungsbehörden i. d. F. v. 30.06.2020, GV. NRW. 2020 S. 456a
OWiG	Gesetz über Ordnungswidrigkeiten i. d. F. v. 05.10.2021, BGBl. I S. 4607
PlPr	Plenarprotokoll 17/155 vom 15.12.2021, S. 60–73
PolG NRW	Polizeigesetz des Landes Nordrhein-Westfalen i. d. F. v. 09.12.2019, GV. NRW. 2019 S. 995
Reuter	Manfred Reuter 2017: „Häusliche Gewalt“. Eine praxisorientierte Entscheidungshilfe für die Polizei. Frankfurt
Ders. 2018a:	„Häusliche Gewalt“. Eine praxisorientierte Entscheidungshilfe für die Polizei, 2., aktualisierte und erweiterte Auflage. Frankfurt

Ders. 2018b: Das Aufenthaltsverbot im Polizeirecht. Eine praxisorientierte Kommentierung. Frankfurt

Ders. 2019: Gefährderansprache und Sicherheitsgespräch nach § 8 der Generalklausel des nordrhein-westfälischen Polizeigesetzes. In: DIE POLIZEI. Fachzeitschrift für die öffentliche Sicherheit mit Beiträgen aus der Deutschen Hochschule der Polizei, 110. Jhrg., Heft 8/2019. Köln, S. 237–242

Ders. 2020: Drohende (entstehende) Gefahr und drohende (entstehende) terroristische Gefahr: zwischen traditionellem Gefahrenbegriff und neuen Gefahrenkategorien. In: DIE POLIZEI. Fachzeitschrift für die öffentliche Sicherheit mit Beiträgen aus der Deutschen Hochschule der Polizei, 111. Jhrg., Heft 4/2020. Köln, S. 159–162

Reuter/Knape Manfred Reuter/Michael Knape 2018: § 15c Polizeigesetz Nordrhein-Westfalen (PolG NRW) – Datenerhebung durch den Einsatz körpernah getragener Aufnahmegeräte. In: DIE POLIZEI. Fachzeitschrift für die öffentliche Sicherheit mit Beiträgen aus der Deutschen Hochschule der Polizei, 109. Jhrg., Heft 12/2018. Köln, S. 355–365

Rodorf Egbert Rodorf 2021: Versammlungsrecht. Polizeiliches Grundlagenwissen für Studium und Praxis, https://www.rodorf.de/06_ versr/01.htm. Münster, aktuell nicht verfügbar

StGB Strafgesetzbuch i. d. F. v. 22.11.2021, BGBl. I S. 4906

VersG Gesetz über Versammlungen und Aufzüge (Versammlungsgesetz), i. d. F. v. 30.11.2020, BGBl. I S. 2600

WaffG Waffengesetz i. d. F. v. 19.06.2020, BGBl. I S. 1328

WD Wissenschaftlicher Dienst des Deutschen Bundestages, Ausarbeitung zur Auslegung des § 21 VersG vom 02.08.2010. Berlin, S. 6–7, Nr. 31

ZustVO VersG Verordnung über Zuständigkeiten nach dem Versammlungsgesetz i. d. F. v. 09.09.2014, GV. NRW. 2014 S. 500

Verzeichnis der Schaubilder

Stichwortverzeichnis

alphabetische Reihenfolge der Begriffe mit Paragraf (§) und Seite (S.)